인사이트
Insight

나를 바꾸는 생각
생각을 바꾸는
59가지 이야기

인사이트
Insight

최봉수 씀

나무
나무

차례

1   **무엇과 싸우고 있는가**

야메, 도전자의 무기   13

버텨! 그럼 이겨!   17

만 시간이나 필요한 이유   20

싸움의 기술   22

나는 누구인가, 우리는 무엇을 하는 사람인가   26

남이 아니라 나를 직시하라   30

올라가려거든, 먼저 꿇을 줄 알아야 한다   32

2   **나는 어디로 가고 있는가**

당신 조직의 자랑거리는 무엇인가   39

문제는 뺄셈이다   44

기적이 되어야 하는 사람, 리더   48

멀미를 잊게 만든 꿈   51

히말라야를 넘는 새 53

리더의 눈은 어디를 향하는가 56

1퍼센트, 1미터, 1킬로미터 58

3 나에게는 어떤 이야기가 있는가

스토리는 영웅을 원한다 65

팩트는 힘이 없다 68

보이지 않는 한 개의 돌 71

커뮤니케이션은 지시어가 아니라 관계어 74

콘텐츠가 답이다 79

4 내 곁에는 누가 있는가

모두 리더만 바라보고 있다 87

한 발 물러설 줄 알아야 리더 91

기브 앤 테이크는 틀렸다 94

선장은 피가 나올 때까지 혀를 깨문다 98

사람 보는 눈, 사람 쓰는 일 102

스스로 싸우게 하라 108

조직을 사지로 이끄는 리더 113

커피 브레이크가 노벨상을 만든다 116

5 무엇을 바꿔야 하는가

소비자 자신도 모르는 욕망을 건드려라 123

일부러 낯설게 보기 127

남이 가지 않은 길 131

항상 해오던 일을 하면 항상 얻던 것을 얻는다 134

삶은 복잡하지 않다. 우리가 복잡할 뿐이다 137

더 빨리 뛰는 수밖에 없다 142

6   무엇을 배워야 하는가

고객이 원하면 고구마 세탁기도 만든다   149

감사할 줄 아는 사람에게 감사할 일이 또 생긴다   154

표준의 힘   157

내가 죽거든 내 손만은 관 밖으로 꺼내주시오   161

모차르트에 대한 오해   165

개인과 '집단 속의 개인'은 다르다   168

때로는 처녀처럼 때로는 달아나는 토끼처럼   175

7   어떻게 변하고 있는가

속도의 가치는 방향이다   181

여섯 단계에서 단 한 번의 클릭으로   184

집단지성이 늘 정답은 아니다   188

문제는 전략이 아니라 철학   192

돌다리를 두들겨보기엔 너무 늦다 196

구글의 비밀, 무용지용 200

8 무엇을 넘어서야 하는가

사면초가? 어디로든 갈 수 있다! 207

어부의 지혜 "도망치지 마라, 넘어서라" 209

실리콘밸리를 망하게 하는 방법 212

상식의 한계 vs 상상력의 한계 217

섞인 것은 새 것이다 220

잘 따라 하는 것도 능력이다 223

9 나는 지금 어디에 있는가

방황은 어쩌면, 숙명이다 229

마라토너 아베베의 양궁 금메달 232

일이 어그러지는 이유   236

지독함, 나를 속이지 않는 것   239

나를 가두는 건 나   243

카지노에 없는 세 가지   245

지금 그 일, 왜 하는지는 알고 하는가   248

1

무엇과
싸우고
있는가

진정 이기기를 바란다면 정면 승부를 피해야 한다.

적어도 처음에는.

빌 게이츠의 마이크로소프트, 스티브 잡스의 애플, 마크 저커버그의 페이스북.

지금은 도리어 시장 룰의 수호자가 되었지만,

그들 역시 처음에는 야메의 정신으로 골리앗과 싸웠다.

야메, 도전자의 무기

∞ ∞ ∞ ∞ ∞

'야메로 시작하지 않은 성공한 벤처는 없다.'

'야메'는 일본어 '야미ゃみ'에서 유래한 비속어다. '야미'는 어둠, 암흑을 뜻한다. '암거래'를 말할 때 야미를 앞에 붙인다. '야메'를 우리말로 옮기면 '편법' 정도가 아닐까 싶다.

그런데, 야메로 시작하지 않은 성공한 벤처는 없다? 당연하다. 처음부터 정품에 매뉴얼대로 비즈니스를 시작하는 벤처는 대기업 아니면 정부 돈 받아 시작하는 얼빠진 스포일러

말고는 없다. 차고지나 친구 사무실 귀퉁이에서 시작하는 벤처가 대기업이 이미 깔아놓은 시장의 룰이라는 비단 위에서 싸워 이기기를 바랄 수는 없다. 언제든 단속반이 떴다는 호루라기 소리가 나면 짐을 챙겨 튈 수 있는 좌판에서 시작할 수밖에 없다. 진정 이기기를 바란다면 정면 승부를 피해야 한다. 적어도 처음에는.

장검과 단검을 함께 쓴다는 니텐이치류二天一流 검법의 시조 미야모토 무사시宮本武藏는 후세 일본을 대표하는, 일본인으로부터 가장 존경받는 무사다. 그는 《오륜서》에 "스물한 살이 되어 서울로 올라가, 천하의 무예가와 만나 수번의 승부에서 승리를 하지 않은 일이 없다"라고 적었다. 한 번도 패하지 않은 전설의 검객, 그의 결투 중 백미는 역시 사사키 코지로와 일전을 벌인 '간류 섬의 결투'다.

그런데 미야모토 무사시도 어떤 의미에서 야메다. 당시 대부분의 검객들이 일도류, 한 자루의 칼로 대결했다. 그는 두 자루의 칼을 썼다. 장검으로 상대방의 공격을 막고, 단검으로 상대방의 폐부를 찔렀다. 예상치 못한 일검으로 승부를 결정지었다. 그뿐 아니다. 사사키 코지로와 대결하던 날, 무사시는 약속 시간보다 늦게 나타났다. 상대방의 평정심을 흩뜨려 결전을 유리하게 끌고 갔다. 그것으로도 부족해 일대일로 대결하자고 해놓고 제자들을 끌고 나갔다는 오해도 듣고 있다. 어쨌든 코지로와 벌인 '간류 섬의 결투'에서 무사시는 꼼수로 이긴 것이다. 사사키 코지로와 대결을 끝내고 어둠 속으로 사라지는 무사시의 모습은 후세 창작물들에 의해 미화되었을 뿐이다.

야메 정신, 반드시 결과를 얻겠다는 것이다. 실존 여부는 차치하고 사사키 코지로는 말 그대로 정통파다. 정통 문파에서 스승의 인정을 받고, 규모와 체계가 잡힌 검법 훈련과 정신 수양을 겸비하며 단계를 하나하나 밟은 정파다. 간류 섬에서의 일전에서도 코지로는 약속 시간보다 일찍 나가 무사시를 조용히 기다렸다. 반면 무사시는 약속 시간을 앞두

고도 술을 마시느라 배 때를 놓쳤다. 당대 최고 검객이 일전
을 대하는 태도는 완전 야메의 정수다. 사사키 코지로는 성
스러운 일전 자체에 의미를 뒀다면, 미야모토 무사시는 철
저하게 일전의 결과를 노렸다. 오로지 누가 이기고 누가 죽
느냐 하는 승부에만 집중했다.

빌 게이츠의 마이크로소프트, 스티브 잡스의 애플, 마크
저커버그의 페이스북. 지금은 도리어 시장 룰의 수호자가
되었지만, 그들 역시 처음에는 야메의 정신으로 골리앗과
싸웠다.

버텨! 그럼 이겨!

∞ ∞ ∞ ∞ ∞

TV에서 대박 난 맛집을 소개하고 있다. 근데 허름한 재래 시장 안에서 대단찮은(?) 떡볶이로 대박 난 식당 주인의 말이 머리를 때린다.

"비결은 무슨, 문 안 닫은 게 비결이지. 여기서 좀 하다 안 된다 싶으면 다 문 닫고 떠나. 난 끝까지 버틴 거지. 그러다 보니 비결 아닌 비결이 생긴 거야. 허허."

말콤 글래드웰의 '만 시간의 법칙'이 있다. 어느 한 분야의 진정한 전문가가 되려면 어느 정도 노력을 투자해야 하는가를 시간으로 계산했는데, 바로 만 시간이라는 거다. 하루에 세 시간씩, 일주일에 스무 시간씩 10년을 투자해야 만 시간이다.

10년. 버티기 쉽지 않다. 대박 난 떡볶이집 주인처럼 '이 것 말고 할 게 없어야' 한다. 교수가 되려면 전공 말고는 젬 병이어야 한다는 우스갯소리도 있다. 서울대 출신이 기업 입사 면접에서 의심받는 이유가 써먹을 때가 되면 대학원 간다, 유학 간다 하면서 조직을 떠나기 때문이라는 말도 있 다. 원래 재주 많은 스님은 절을 못 지키는 법이다.

〈동물의 왕국〉에 가장 자주 등장하는 장면이 사자와 사슴 의 추격전이다. 그런데 놀라운 사실은 그 추격전에서 사슴 이 이길 확률, 즉 잡아먹히지 않을 확률이 80퍼센트 이상이 라는 점이다. 이유는 의외로 단순하다. 사자는 한 끼의 식사 를 위해 달리지만, 사슴은 목숨을 걸고 달리기 때문이다. 누 가 더 절박한가가 문제인 것이다. 빠져나갈 비상구나 기댈 언덕이 없을 때, 사슴의 간절함이 효과를 발휘한다.

'인디언 기우제'라는 말이 있다. 미국 애리조나 사막 지역의 호피Hopi 인디언들이 기우제를 지내기만 하면 반드시 비가 내린다는 데서 나온 말이다. 대단한 신통력이다. 그런데 비결은 별 게 아니다. 호피 인디언들은 비가 내릴 때까지 계속 기우제를 지낸다. 그러니 기우제만 하면 반드시 비가 오는 대박이 터진다. 비 내릴 때까지 기우제를 간절하게 지내면, 비가 오지 않을 방도가 없다.

만 시간이나 필요한 이유

∞ ∞ ∞ ∞ ∞

'만 시간의 법칙', 말이 10년이지 버티기 쉽지 않다. 또 버틴다고 다 어느 한 분야의 전문가가 되는 것도 아니고, 전문가가 되어도 급이 있지 않겠나. 그런데 말콤 글래드웰은 왜 굳이 10년을 걸었을까?

바로 이 10년에 마법이 숨어 있다. 10년을 버티다 보면 진국도 뽑아내지만 기름도 쌓인다. 고수는 진국으로만 요리하지 않는다. 적당히 기름을 섞는다. 10년이 주는 정말 차별화된 보답은 바로 숱한 실패와 좌절에서 얻은, 기름을 버리지 않고 활용하는 노하우다. 그것이 '만 시간의 법칙'의 마법이다.

아는 선배가 셀프 주유소에서 기름을 넣다가 깜빡하고 경유 차에 휘발유를 넣었다. 레커 차로 차를 견인해 공식 정비소로 갔더니 견적이 1300만 원 나왔다. 단순한 실수 치고는 너무 큰 대가였다. 그런데 정비소에 일하는 아르바이트생이 귀띔을 해줘 근처 비공식 정비소로 갔더니 300만 원으로 완벽하게 수리할 수 있었다. 그것도 6개월 무상 정비까지 서비스해주는 조건으로. 지금도 그 차는 잘 달리고 있다.

자동차 수리의 고수는 공식 정비소가 아니라 비공식 정비소에 숨어 있는 경우가 많다. 고수는 공식대로 '문제를 푸는 것'이 아니라 공식을 알면서도 가장 빠른 길, 가장 손쉬운 길, 가장 적은 비용으로 '문제를 해결하는 방법'을 찾아낼 줄 안다. 숱한 시행착오와 실패를 통해 공식에서 보지 못한 경우의 수와 샛길을 터득한 것이다. 그래서 고수다. 말콤 글래드웰이 요구한 '만 시간'은 공식대로 문제를 푸는 데 필요한 시간이 아니라 공식을 갖고 놀 줄 아는데 필요한 시간인 것이다.

싸움의 기술

∞ ∞ ∞ ∞ ∞

'죽기 전에 꼭 봐야 할 한국영화 1001' 중 하나, 신한솔 감독의 데뷔작 〈싸움의 기술〉. 맞고 사는 게 일과인 지질한 고교생 송병태가 전설적인 싸움의 고수 오판수를 만나 좌충우돌하며 싸움의 기술을 배워 싸움의 고수가 된다는 줄거리의 영화다.

그중 한 장면이다. 초등학생끼리 싸움을 하고 있다. 덩치 큰 아이와 싸우다가 밀리던 작은 아이가 큰 아이 눈에다 모래를 뿌린다. 그러고는 이를 기회로 덩치 큰 아이를 공격한다. 이를 지켜보던 송병태가 반칙이라고 소리친다. 그러자 오판수가 말한다.

"싸움에 반칙이 어디 있어? 싸움엔 룰이 없는 거야!"

다른 영화 이야기도 있다. 허영만 화백의 만화를 원작으로 조승우(고니), 김혜수(정마담) 그리고 김윤석(아귀)이 열연한 〈타짜〉. 이 영화에는 두고두고 기억에 남을 명장면 명대사가 많지만 최고의 명대사에 최고의 명장면은 바로 이 세 명이 벌이는 마지막 승부일 것이다.

고니는 최고의 타짜인 아귀의 적수가 되지 못한다. 아귀가 어떤 속임수를 쓰는지조차 알아채지 못한다. 계속 돈을 잃던 고니가 마침내 패를 잡는다. 승부수를 던져야 한다. 그러나 고니의 기술은 아귀가 쉽게 간파할 수 있다. 더욱이 아귀는 상대의 기술을 알아채고 단번에 굴복시키기로 유명하다. 고니의 독백.

"싸늘하다. 가슴에 비수가 날아와 꽂힌다. 하지만 걱정하지 마라. 손은 눈보다 빠르니까."

명대사다.

고니는 한 수 위인 아귀 앞에서 소위 '밑장빼기' 기술로

패를 조작한다. 아귀, 정마담, 자기 패. 다시 아귀, 정마
담……. 그때 아귀가 고니의 손목을 홱 휘어잡는다. 아귀는
비열한 승자의 웃음을 지으며 고니가 밑장빼기를 했고, 자
신의 패와 정마담 패를 조작했다고 말한다. 고니가 증거를
대라고 하자 아귀는 자신과 정마담 패가 각각 9땡과 장땡일
거라고 장담한다. 아귀는 먼저 자신의 패를 뒤집는다. 9땡이
다. 이어 정마담 패를 확인하기 전, 아귀는 해머를 가져오라
고 해서 패를 조작한 고니를 징벌하려 한다. 그때 고니가 두
사람이 가진 돈 전부와 손목을 걸자고 제안한다. 두 사람은
손목을 끈으로 묶는다. 그리고 패를 뒤집는다. 10이면 장땡.
그런데 마지막 패는 10이 아니다. 3이다. 단 한 번도 실수한
적 없는 최고수 아귀 입에서 한마디 새어나온다. "사쿠라
네?" 이때 고니가 다시 말한다.

"확실하지 않으면 승부를 걸지 마라."

명대사다.

어떻게 된 것일까? 고니는 분명 밑장빼기 기술을 썼고,
아귀는 이를 알아챘다. 그런데 정마담의 마지막 패는 왜 단

풍(10)이 아니고 사쿠라(3)였을까? 왜 고니는 아귀가 이기도록 패를 조작했을까? 고니는 아귀를 한 번 더 속였다. 기술로 상대를 이길 수 없었기에 상대의 기술을 역이용했다. 고니는 아귀에게 한쪽 귀를 잘린 짝귀가 준 교훈을 써먹은 것이다.

"화투는 기술로 하는 게 아니라 마음으로 하는 것이다."

역시 명대사다.

항상 강자가 승리하는 세상은 재미없다. 또 세상은 항상 그렇게 돌아가지 않는다.

나는 누구인가,
우리는 무엇을 하는 사람인가

∞ ∞ ∞ ∞ ∞

100년 전쟁. 펩시콜라와 코카콜라의 싸움은 1902년 펩시가 설립된 이래 '만년 2등 벗어나기'를 목표로 삼으면서 100년간 계속되었다. 2004년 펩시는 마침내 코카콜라의 매출액을 앞질렀고, 다음 해에 시가총액에서도 앞섰다.

언론에서도 '100년 콜라 전쟁'이라 불렀을 만큼 펩시의 100년 도전은 안타깝고 눈물겨웠다. 그러나 전쟁은 엉뚱하게 결말을 맺는다. 펩시가 '더 이상 코카콜라와 전쟁하지 않겠다', 아니 '콜라 전쟁에서 졌다'라고 패배를 시인하면서 펩시가 승리했기 때문이다.

무슨 말이냐고? 펩시는 전장을 코카콜라와의 싸움터에서

다른 곳으로 바꾸어버렸다. 2000년대 들어서면서 웰빙 바람이 불자 펩시는 탄산음료 소비가 떨어지리라고 예견하고, 코카콜라와의 콜라 전쟁에서 발을 뺐다. 그리고 게토레이 같은 스포츠 음료나 트로피카나 같은 주스처럼 건강음료 시장으로 전선을 이동해버린 것이다.

그 후 펩시의 예상대로 음료 시장에서 탄산음료 비중은 지속적으로 떨어지고 건강 식품류 시장이 커지면서 펩시의 매출이 급신장했다. 코카콜라도 뒤늦게 펩시를 좇아 건강 식품 시장으로 뛰어들었다. 하지만 '코카콜라＝1등 탄산음료'라는 이미지가 도리어 사업 확장에 장애 요소가 되었다. 코카콜라와 펩시콜라 100년 전쟁의 승부는 이렇게 엉뚱한 곳에서 결판났다.

히딩크가 말했다.

"훌륭한 축구선수는 공을 잘 차는 선수가 아니다. 그라운드에서 끊임없이 상대가 예측하지 못한 새로운 시간과 공간을 창출해내는 창조자다."

당시에는 이 말이 무슨 말인지 몰랐다. 그러나 지금은 우리 모두가 빈 공간으로 찔러주는 패스, 빈 공간을 파고드는 공격수, 반 박자 빠른 패스와 슈팅을 선수들에게 요구한다.

19세기부터 20세기 중반까지 가장 번창했던 산업 중 하나였던 철도 산업이 지금은 정부 지원 없이는 버티기 어려운 애물단지로 전락했다. 철도 산업이 이렇게 된 것은 다 알다시피 자동차와 항공 산업과의 경쟁에서 밀렸기 때문이다. 사업의 정의를 수송 사업으로 확장하지 못한 채 철도 산업이라는 좁은 영역으로 한정해 고객을 다른 수송 수단에 빼앗긴 것이다.

1500년 고찰 소림사가 인터넷 쇼핑몰을 운영한다? 소림사 하면 쿵푸와 달마대사로부터 이어져 내려온 선종이 먼저 떠오른다. 기암절벽 아래 운무 사이로 보일 듯 말 듯한 신비스런 사찰 정도로.

그러나 오늘날 소림사는 글로벌 비즈니스 그룹이다. 실제로 1998년에 '소림사사업발전주식회사'로 등록했다. 쿵푸를 활용해 중국위성TV와 미디어 사업을 합작했다. 전통 중의학 비법과 현대 의학을 접목하여 병원 사업을 펼치고 있다. 코카콜라와 건강 기능성 음료를, 나이키와 무술용 운동화를 공동 제작 시판할 예정이다. 심지어 주변 사찰을 인수하여 사업을 확장할뿐더러 다른 사찰들에 경영 컨설팅까지 하고 있다. 소림사 주지 스융신은 미국 MBA 출신이다.

문제는 어떤 프레임으로 자신을 재정의할 것인가이다.

남이 아니라 나를 직시하라

∞ ∞ ∞ ∞ ∞

참선에 들어갔던 한 스님에게 어느 날 갑자기 깨달음이 찾아왔다. 스님은 마음을 주체할 수가 없었다. 당장이라도 마음만 먹으면 공중에 붕 뜰 수도 있을 것 같았다. 눈앞에 보이는 모든 것이 4차원으로 보였다. 스님은 한걸음으로 스승을 찾아갔다.

"스님, 깨달음이 온 것 같습니다."

큰스님은 묻는다.

"왜?"

스님은 주변을 살피며 목소리를 낮춰 대답한다.

"보입니다. 오다가 만난 스님들의 전생이 보입니다."

그러자 큰스님은 죽비를 내리치며 고함을 질렀다.

"내가 너에게 네 자신을 보라고 했지, 언제 남의 과거를 보라고 했느냐!"

스님은 순간 '아!' 하며 말없이 자리에서 일어나 제자리로 돌아가 공부를 더 열심히 하여 나중에 큰 깨달음을 얻었다는 이야기.

수행자에게 어느 날 찾아온 깨달음, 이 깨달음이 견성見性이요, 돈오頓悟인가는 '참 나'를 바로 볼 수 있는지에 달려 있다. 즉 첫 깨달음은 '참 자아'에 대한 깨달음인 것이다.

그러나 이무기들은 '나'를 보지 못하고, '남'을 참 잘 본다.

올라가려거든,
먼저 끓을 줄 알아야 한다

∞ ∞ ∞ ∞ ∞

이무기는 용이 되지 못한 큰 구렁이다. 물론 상상의 동물이다.

이무기는 비록 용이 되지는 못했으나 비, 구름 정도는 불러내는 묘술을 부리며, 호수나 연못에서 물고기 2500마리 이상을 거느리며 왕 노릇을 한다.

속세의 이무기도 앞의 이야기에 나오는 스님처럼 한 번의 깨달음 근처에는 이르렀다고 본다. 그러나 그것이 돈오의 경지인지는 모르겠다. 스님처럼 몸에 이상 현상이 나타나고, 주변을 보는 눈이 범상치 않은 수준에는 이른다고 생각한다. 그래서 분명 범인凡人과 다르다. 범인이 보지 못하는 시각을 보이고, 가끔 이적異跡도 남긴다. 그래서 어리석은 민초들이 그의 뒤를 따른다.

그런데 우리 주변엔 이무기가 너무 많다. 이무기는 종교 근방에 물론 많이 출몰하지만, 오늘날에 와서 정치, 경제, 사회, 문화…… 분야를 가리지 않고 이무기가 등장한다. 꼭 혼자 나타나지 않고 추종자들을 이끌고 나타난다. 출현이 소란스럽고 끊임없이 주제와 관계없이 사람들 입에 오르내린다. 패션과 헤어스타일 등 외모에도 민감하다. 꽁지머리와 개량한복 스타일 차림을 한 사람 열에 여덟은 이무기라는 확인되지 않은 소문도 떠돈다. 은둔형 이무기도 종종 있는데, 알고 보면 위장형이다. 결국은 속세에 이름나길 좋아한다.

그러나 분명한 것은 이무기는 용이 아니다.
이무기가 용이 되려면 천둥번개 치는 날 산속 깊은 폭포수에 자신의 몸을 던져 몇 번이고 용솟음을 쳐야 한다. 생사를 잊을 만큼 피를 토해야 한다. 그러길 수십 수백 회. 마침내 하늘이 감응하여 길을 내줘야 비로소 용이 된다. 이무기가 용이 된다는 것은 결코 간단치 않다. 오죽하면 불가능한 일에 힘만 쓰는 걸 두고 '용쓴다'라고 했을까?

한국 선불교의 중시조 경허스님은 화두를 붙잡고 용맹정진할 때 수마睡魔를 물리치기 위해 턱밑에 날카로운 송곳을 세워두고 참선했다. 깜빡깜빡 졸 때마다 송곳에 찔린 얼굴에서는 피가 나 흘렀고, 그 피가 말라 엉겨 붙어 스님의 얼굴은 흡사 두꺼비 등껍질 같았다고 한다. 그렇게까지 정진하기를 석 달이 지나서야 우연한 문답에서 활연대오했다. 그런 스님도 훗날 이런 시를 남겼다.

> 단박에 깨달아 내 본성이 부처님과 동일한 줄은 알았으나
> 수많은 생애를 살면서 익힌 습기는 오히려 생생하구나.
> 바람은 고요해졌으나 파도는 여전히 솟구치듯
> 이치는 훤히 드러났으나 망상이 여전히 일어나는구나.

평생 정진한 경허스님이 그럴진대, 용은 언감생심.

적어도 마음에 '성인의 태'는 바라지도 않겠지만, '요괴'를 품은 이무기가 되지 않길 바랄 뿐이다.

여시아문如是我聞. 그 가장 손쉬운 민간요법은 매일 무릎 꿇고 엎드려 내가 아닌, 다른 사람의 발등에 입을 맞추길 108번 하는 것이라고 배웠다.

2

나는
어디로
가고
있는가

위대한 인생은 무엇인가를 더 하는 데서
출발하는 것이 아니다. 불필요한 것을 모두 제거하고 남은
단순한 데서 새로이 출발해야 한다.

당신 조직의 자랑거리는 무엇인가

∞ ∞ ∞ ∞ ∞

단지 오너의 잘못으로 잘나가던 회사가 어려워져 다른 회사에 팔려가면, 그 회사 직원들 마음은 편치 않다. 더욱이 자신이 잘나가던 직원이었고, 인수한 회사가 마음에 들지 않으면 기분까지 더럽다. 그래도 청춘을 바쳤던 회사를 떠나기란 쉽지 않다. 사실 그 나이에 이직도 만만찮다.

점령군이 들어오는 날, 임원들은 도살장에 끌려나온 소처럼 마음을 비우고 소집된 임원회의 자리를 지켰다. 인수한 회사의 오너가 상석에 앉았다.

'그는 우리 업종은 근처에 와본 적도 없는 사람이다. 그런데 어떻게 이 회사를 끌고 갈 수 있단 말인가? 아니, 우리

회사가 아니라 업계 전체가 지금 최악의 상황인데, 그래서 평생을 이 업계 밥을 먹었던 전 오너도 무너진 판인데, 이 사람이 어떻게 회사를 회생시킬 수 있을까?'

임원들은 이런저런 의문으로 불안한 채로 새로 온 오너의 입을 주시했다.

"그동안 마음고생 많으셨죠?"

'그래, 첫 마디는 위로로 시작해야지. 어쨌든 우리가 한 배를 탔으니.'

"오늘부터 매주 한 번씩 여러분과 함께 회의를 직접 하겠습니다."

'그래 업무 파악을 해야지. 하지만 매주 한 번씩 회의해 가지고는 업무 이해하기 힘들걸.'

"시작하죠. 여기 오른쪽부터 돌아가면서,"

'잉? 준비도 안 했는데, 바로 업무 보고를 하란 말이야?'

"우리 이사님들. 본부 자랑을 해보시죠."

'자랑?'

다들 당황해서 서로 얼굴만 쳐다본다.

'무… 슨… 자… 랑?'

"자랑하실 것 없으면, 그 다음 분 자랑하시고요."

그날 모두들 당황하고 황당했다. 개중에 눈치 빠른 임원 몇이 애매하고 상투적인 자랑을 조심스레 꺼내놓았다. 그러자 새로 온 오너는 그 말을 받아 크게 칭찬을 해주었다.

"다음 주 회의에는 모두들 자랑거리 하나씩 준비해 오세요."

그렇게 한 주, 두 주 임원 자랑대회가 매주 열렸다. 회를 거듭할수록 임원들의 자랑거리가 늘어났고, 생생해졌다. 이젠 어느 누구도 당황하지 않고 황당해하지 않았다. 다른 임원들의 자랑거리를 들으며 박수도 치고 웃음도 터졌다. 그렇게 한 달, 두 달이 지나갔다.

거짓말처럼 임원들 마음은 하나둘 열렸다. 더욱이 서로 먼저 자랑하려고, 더 큰 자랑을 하려고 경쟁하기 시작했다. 자랑거리를 지어내다가, 찾기 시작했고, 급기야는 자랑거리를 만들기 시작했다. 본부장들은 본부에 돌아가 직원들을 모아놓고 매주 하나씩 자랑거리를 만들라고 지시하고 보고받기 시작했다. "이것 가지고는 안 돼! ○○본부는 지난주에 얼마나 대단한 자랑거리를 발표했는데." 반년이 지났을 때 회사는 언제 다른 회사에 인수당했는지 까맣게 잊을 만큼 살아 있는 조직으로 변했다. 전 직원이 매주 열리는 임원 자랑대회에 발표할 거리를 찾느라 뒤집고, 바꾸고, 새로운 일을 벌이고, 실적을 내느라 안달했다. 오너의 칭찬은 더 커졌다.

자랑거리가 처음에는 이면지 사용, 빈 사무실 불 끄기처럼 사소한 비용 절감에서 시작했다. 다음에는 구글 캘린더로 본부 직원끼리 일정 공유하기, 생산 부서와 마케팅 부서가 공동으로 온라인 회의를 통해 정보 공유하기처럼 인프라가 변하기 시작했다. 그 다음엔 프로세스 단축과 불필요한 공정 제거 등과 같이 생산 원가 단축으로 접근했다. 그리고 마침내 고부가가치 제품 개발, 새로운 시장 개척 등으로 확산되더니 실적이 개선되기 시작했다.

그렇게 1년이 지났을 때 임원 회의 자리에서 처음으로 회사 실적이 공개됐다.

'아니, 이럴 수가!'

모든 임원들이 입을 딱 벌어졌다. 몇 년째 적자였던 회사가 흑자로 돌아선 것이다.

점령군이 들어오면 맨 먼저 과거를 뒤엎어 불안과 공포를 조장한다. 신구 세력 줄 세우기를 강요하고, 없는 혐의도 뒤집어씌워 정상화라고 우기며 사람과 사업을 정리하고, 경영 숫자를 예쁘게 화장하고…… 이것이 소위 외국 물 먹은 컨설턴트들의 상식이었다. 하지만 인수한 오너는 달랐다.

"리더는 언제 어디서든 세 가지 자랑거리를 갖고 있어야 한다."

그의 지론이었다.

문제는 뺄셈이다

∞ ∞ ∞ ∞ ∞

어느 날 당신에게 두 통의 전화가 걸려온다. 한 통은 당신이 몰랐던 상속 2000만 달러를 받게 되었다는 소식, 다른 한 통은 당신이 불치의 병에 걸려 앞으로 10년밖에 살지 못한다는 통보다. 이 두 통의 전화를 연달아 받은 당신은 앞으로 남은 10년 동안 무엇을 하겠는가?

이 질문은 《좋은 기업을 넘어 위대한 기업으로Good To Great》를 저술한 짐 콜린스가 경영대학원에 다닐 때 교수로부터 받았던 질문이다. 짐 콜린스는 이 질문으로 인생이 완전히 뒤바뀌었다고 2003년 12월 30일자 USA투데이에 기고

한 글에서 밝혔다. 그는 위대한 예술 작품은 마지막에 무엇을 넣느냐가 아니라 무엇을 넣지 않느냐에 의해 탄생된다는 말의 의미를 그때 깨달았다고 한다. 즉, 교수의 질문에 대한 정답은 남은 10년 동안 무엇을 더 할 것인가가 아니라 지금까지 해오던 일 중 무엇을 그만둘 것인가를 선택하는 일이었다.

이런 깨달음으로 그는 좋은 기업에서 위대한 기업으로 넘어가기 위해서는 어떤 사업을 더 벌이는 것이 아니라 기존 사업 중 어떤 사업을 포기할지 숙고해야 하고, 위대한 기업으로 변화시키는 5단계 리더십도 바로 무엇을 그만둘 것인가에 대한 의사결정에 따라 좌우된다고 역설했다.

그 대표적인 예가 킴벌리-클라크이고, 그 최고경영자 다윈 스미스다. 당시 킴벌리-클라크는 100년 동안 코팅용지를 생산해온 평범한 기업이었다. 아니, 당시 주식시장의 평균 주가지수보다 36퍼센트나 뒤처지는 신통치 않은 종이 제조

회사였다. 이사회에서 최고경영자로 선임된 스미스는 회사의 전통적인 핵심 제품인 코팅용지가 경제성이 떨어지고 경쟁력조차 약해지고 있다는 진단이 내려지자, 미련 없이 코팅용지 부문을 매각해버린다. 대신 소비재 종이 제품 사업에 새로이 투자한다. 사실 소비재 종이 분야에는 이미 스코트 페이퍼나 P&G 같은 세계적인 선도 회사가 존재하고 있었기 때문에 킴벌리-클라크가 그들과 경쟁할 경우 선도 회사처럼 될 수도 있지만 망할 수도 있는 상황이었다.

당시 언론은 핵심 사업을 포기한 스미스의 결단을 어리석은 결정이라고 평가했고 월스트리트의 증권분석가들은 무자비한 비판을 가하며 킴벌리-클라크의 주가 전망을 일제히 하향 조정했다. 그러나 스미스는 동요하지 않았다. 25년이 지난 후 킴벌리-클라크는 스코트 페이퍼를 인수했고, 소비재 종이 제품 부문 여덟 가지 카테고리 중 여섯 가지에서 P&G를 앞서고 있다.

스미스가 최고경영자로 부임했을 때, 킴벌리-클라크의 매출 대부분은 코팅용지에서 나왔다. 하지만 스미스는 이 사업에 열정을 갖고 있는가, 이 사업을 세계 최고로 잘할 수 있는가, 이 사업이 미래의 성장 엔진이 될 수 있는가, 세 가지 질문을 던진 뒤 모두 부정적인 대답이 나오자 100년 역사를 지닌 코팅용지 부문을 미련 없이 포기한 것이다.

당신이 지금 하고 있는 일에도 스스로 세 가지 질문을 스스로 던져보라. 첫째, 진정으로 열정을 갖고 있는 일인가? 둘째, 스스로 생각할 때 재능이 있다고 생각하는가? 마지막으로, 경제적으로 당신을 먹여 살리는 일인가? 만일 이 세 가지 어느 하나도 부합하지 않는 일을 지금 하고 있다면 당장 그만두라. 스미스는 100년 동안 회사를 먹여 살린 사업도 포기했다.

위대한 인생은 무엇인가를 더 하는 데서 출발하는 것이 아니다. 불필요한 것을 모두 제거하고 남은 단순한 데서 새로이 출발해야 한다고 짐 콜린스는 말하고 있다.

기적이 되어야 하는 사람, 리더

∞ ∞ ∞ ∞ ∞

닉 부이치치라는 사람이 있다.

호주 출신인 그는 팔다리가 없이 작은 발 한 쪽만 갖고 태어났다. 태어나 집에서만 자라 학교에 들어갈 때까지 남들과 생김새가 다르다는 사실조차 모르고 자랐다. 그러나 학교에 나가면서 친구들과 다른 자기 모습에 큰 충격을 받았다. 친구들이 그를 '외계인'이라고 놀려 여덟 살 나이에 엄마에게 죽고 싶다고 울먹였다. 실제로 열 살 때는 죽으려고 물속으로 몸을 던지기도 했다. 모든 이에게 다 있는 팔다리를 왜 나에게는 주지 않았느냐고 하나님을 원망하기도 했다. 그런 그가 지금은 자신의 장애를 딛고 전 세계를 다니며

희망의 전도사로 활동하고 있다.

어느 날 닉 부이치치가 LA에서 강연을 마치고 나왔을 때, 한 여성이 아기를 안고 그를 찾아왔다. 놀랍게도 아기는 닉 부이치치와 똑같은 모습이었다. 두 팔과 두 다리가 없고, 심지어 왼쪽 발이 짧은 것까지 똑같았다. 그 엄마는 아기의 장애를 고치려고 전국 방방곡곡 찾아가지 않은 병원이 없었다고 했다. 새로운 병원을 찾기 전에 한 번도 기대를 잃지 않았고, 밤에는 하나님께 기적을 보여달라고 기도까지 했지만 번번이 기적은 일어나지 않았다고 했다.

그런데 닉 부이치치의 강연을 들은 그녀는 이렇게 말했다.

"하나님이 오늘 저에게 비로소 기적을 보여주셨군요. 저는 지금까지 내 아기의 팔다리가 자라서 온전한 육체를 가진 정상인이 되게 해달라고 기도했습니다. 그러나 오늘 당신을 보면서 팔다리가 없어도 행복한 사람이 될 수 있다는 것을 알았습니다. 당신이 바로 나의 기적입니다."

닉 부이치치의 이야기를 들으며 엉뚱하게도 리더란 어떤

사람인가를 생각한다. 리더란 자신이 아닌 다른 사람을 움직이는 사람이다. 하지만 다른 사람을 자기가 마음먹은 대로 움직이기란 쉬운 일이 아니다. 그것도 자신과 똑같은 마음으로 움직이게 하기는 더더욱 어렵다. 그래서 사람을 움직이려면 먼저 그 마음을 움직이라고 리더십 이론에서는 조언한다. 사람의 마음을 움직이는 데 최고는 감동을 주는 것이다.

닉 부이치치를 보며 리더는 어느 누군가에게 기적이어야 하고, 존재의 이유가 되어야 한다는 생각을 해본다.

멀미를 잊게 만든 꿈

∞ ∞ ∞ ∞ ∞

19세기 100년 동안 영국을 해가 지지 않는 나라, 세계의 바다를 지배한 나라로 만든 건 트라팔가 해전이었다. 그리고 이 전투를 승리로 이끈 건 영국의 영웅 호레이쇼 넬슨 제독이었다. 트라팔가 해전 승리를 눈앞에 두고 그는 총탄에 맞아 지휘선에서 숨을 거둔다. 그는 생의 마지막까지 바다 위에서 전투를 치르며 보냈다. 그런데 넬슨은 평생 배멀미에 시달렸다.

제1차 세계대전 당시 영국 정보요원으로 북아프리카에서 동맹국 터키에 대항하기 위해 아랍인들을 조직하여 그들과 함께 저항하였고, 전후에는 도리어 열강들의 아랍 분할통치에 반대하여 조국 영국에 대항하며 아랍인들의 편에 선 휴머니스트 혁명가, 토마스 에드워드 로렌스. 영화 〈아라비아의 로렌스〉의 실제 인물이다. '아라비아의 로렌스'는 최후까지 사막 위를 낙타 타고 그들과 함께한 로렌스를 아랍인들이 영웅으로 받들며 부른 애칭이다. 그런데 로렌스는 낙타를 탈 때마다 멀미 때문에 힘들어했다.

넬슨 제독을 영웅으로 만든 것은 그가 배를 잘 타서가 아니다. 혁명가 로렌스가 아랍인의 영웅이 된 것은 그가 아랍인만큼 낙타를 잘 타서가 아니다. 멀미의 고통도 잊게 한 그들의 꿈 때문이다.

히말라야를 넘는 새

∞ ∞ ∞ ∞ ∞

철새 중에서 가장 높은 곳을 넘는 새는 쇄재두루미다. 쇄재두루미는 1년에 두 번씩 몽골 초원에서 날아올라 8000미터 고봉이 늘어선 히말라야 산맥을 넘어 인도까지 이동한다. 바람만이 넘는다는 히말라야 산맥을 넘는 쇄재두루미의 비행은 비록 생존을 위한 것이라 하지만, 장엄하고 처절하고 눈물겹도록 아름답기도 하다.

그래서 시인은 노래한다.

지상의 무거움을 단 며칠 허기로써

> 고요히 내려놓고 활공할 수 있다면
>
> 카랑한 산울림 속에 이 한 목숨 못 맡길까
>
> — 이승현, 〈히말라야 새〉 중에서

히말라야의 날씨는 상상을 초월한다. 인도양의 수증기가 만들어내는 강풍과 눈보라, 난기류가 시도 때도 없이 휘몰아치는 곳이다. 많은 산악인들이 도전하지만, 쉽게 등정을 허락하지 않는다. 그런데 쇄재두루미는 몽골에서 인도까지 만 킬로미터를 오가기 위해 히말라야를 넘는다. 어떻게? 여기에 교훈이 있다.

첫째, 쇄재두루미는 더 높이, 더 멀리 날기 위해 초식 습성을 버리고 과일과 곤충으로 단백질을 섭취한다. 옥탄가가 높고, 소화기관의 크기를 줄여주며, 체내의 공간을 확보하는 데 유리하기 때문이다.

둘째, 쇄재두루미는 공기주머니를 한 개 더 찬다. 공기주머니 한 개로는 숨을 내뱉어야 들이쉴 수 있다. 그러나 하나

를 더 차면 계속해서 숨을 들이쉴 수 있다. 산소 이용효율을
두 배로 높인 것이다. 그래야만 산소가 희박한 곳에서도 빨
리 날 수 있다.

자신의 체질마저 바꾸는 이런 노력만으로 히말라야를 넘
을 수는 없다. 쇄재두루미는 몽골에서 이동을 시작하기 전
까지 쉼 없이 운동하고 영양분을 체내에 비축한다. 비행을
시작하면 V자 대열을 이뤄 에너지 소모를 줄이고 방향을 잡
고 울음소리로 서로를 격려한다. 그러나 비행 중에 준비가
소홀한 많은 동료 새들의 죽음을 지켜봐야 한다. 그것으로
끝이 아니다. 히말라야를 힘겹게 넘자마자 황금독수리가 지
친 쇄재두루미를 노린다. 여기서 다시 한 번 동료들을 잃는
다. 이 마지막 관문까지 통과한 쇄재두루미만이 번식지인
인도에 도착할 수 있다.

그러고 보면 쇄재두루미는 매년 두 번씩 기업의 흥망성쇠
를 경험하고 있는지 모른다.

리더의 눈은 어디를 향하는가

∞ ∞ ∞ ∞ ∞

발레리나가 발끝을 세우고 한 발로 제자리에서 회전하는 모습은 한 마리 백조를 연상시킨다. 어떻게 넘어지지 않고 저렇게 오래토록 회전할 수 있을까? 몸의 균형을 어떻게 잡을까? 답은 발레리나의 시선에 있다. 발레리나는 회전을 하면서도 시선을 고정해 항상 한 방향을 바라보기 때문에 몸을 흩트리지 않고 백조같이 아름다운 동작을 연출할 수 있다.

자동차 경주를 하는 카레이서들의 운전 수칙 하나. 자동차 속도가 빨라질수록 카레이서의 시야는 좁아진다. 그래서 장애물을 미리 감지하지 못하고 돌발적으로 맞닥뜨렸을 때

이를 피하려다가 더 큰 위험에 종종 처하게 된다. 중앙분리대로 돌진하는 경우가 그렇다. 돌발 상황이 닥쳐도 카레이서는 눈앞의 중앙분리대가 아니라 반대편 더 넓은 도로 쪽으로 눈을 돌려야 한다.

〈어린 왕자〉의 생텍쥐베리가 남긴 명언.

"만일 당신이 배를 만들고 싶다면, 남자들을 불러모아 목재를 마련하고 임무를 부여하고 일감을 나눠주는 대신 그들에게 더 넓고 끝없는 바다에 대한 동경심을 키워주라."

리더는 중앙분리대같이 눈앞에 닥친 일에만 몰두해선 안 된다. 발레리나처럼 항상 조직이 가야 할 방향을 응시하고, 생텍쥐베리처럼 비전을 공유해야 한다.

1퍼센트, 1미터, 1킬로미터

∞ ∞ ∞ ∞ ∞

한반도에 서식하는 야생 버섯이 2000여 종이라고 한다. 그중 먹을 수 있는 버섯이 30~40퍼센트고, 나머지는 독버섯이다. 그러면 식용 버섯과 독버섯은 어떤 성분 차이로 구분될까? 일반적으로 모든 버섯은 수분이 90퍼센트, 탄수화물이 5퍼센트, 단백질이 3퍼센트, 지방이 1퍼센트고, 나머지 1퍼센트가 무기질과 비타민이다. 여기서 1퍼센트가 채안 되는 무기질이 무엇이냐에 따라 식용 버섯과 독버섯이 구분된다고 한다. 어쩌면 삶과 죽음도 1퍼센트 차이인지 모른다.

미국 골드러시 때 한 청년이 거부의 꿈을 안고 금광을 샀다. 하지만 아무리 열심히 땅을 파들어가도 금이 나오지 않았다. 실망한 청년은 금광을 팔아치웠다. 그런데 인수한 사람이 금광을 겨우 1미터쯤 더 파냈더니 금이 쏟아져나왔다. 금광을 팔았던 청년은 망연자실했다. 그 후 청년은 보험회사에 들어갔다. 고객이 거절할 때마다 그는 '여기서 포기하면 또 금광처럼 지금까지 노력이 헛수고가 된다'라는 생각으로 끝까지 최선을 다했다. 마침내 거부가 된 청년은 어느 인터뷰에서 "스무 살에 금광에서 배운 1미터 철학이 나를 거부로 만들었다"라고 말했다. 어쩌면 성공과 실패는 바로 성공 문턱 1미터 앞에서 결정 나는지 모른다.

마라토너가 가장 포기하고 싶은 순간이 결승점 1킬로미터 앞이라고 한다. 결승점이 눈앞에 아른거리기 시작하면 스스로 합리화하고 싶어진다. '난, 정말 최선을 다했어.' 실제로 마라톤을 하다 보면 목이 타 들어가고 가슴이 터질 듯 죽을 것만 같은 순간이 온다. 이때를 데드 포인트라고 한다. 마라톤 용어다. 많은 사람들이 이 순간을 견디지 못하고 포기한다. 그런데 이 순간을 조금만 더 참고 견디면 숨쉬기가 편해지고 오히려 발걸음도 가벼워지는 순간이 온다. 이때를 세컨드 윈드라고 한다. 결승점을 통과하는 사람은 데드 포인트를 견뎌낸 사람이다.

문제는 데드 포인트에서의 판단이다. 지금 이 순간이 데드 포인트인지, 그리고 곧 세컨드 윈드가 시작될 것인지 어떻게 알까. 누군들 성공 문턱 1미터 앞에서 포기하고 싶겠는가. 아직 그 1미터가 안 되는 지점에서 '혹 여기가 그 1미터 앞은 아닌가?'라는 미련으로 결정을 미룰 수도 있다. 포기는 빠를수록 좋다는 말도 있다. 사물의 성질을 바꾸는 결정적 1퍼센트가 무엇인지는 백분의 일 확률이라는 거다. 그래서 많은 사람들이 일제 치하 35년을 투사로 버티다가 1년을 남기고 변절하는 것 아니겠는가.

그래서 주구장창 끝까지, 될 때까지 노력하든지. 그것이 비효율적이라면 데드 포인트인지 아닌지, 성공 문턱 1미터 앞인지 아닌지 판단할 수 있는 나만의 비법을 터득해두든지.

3

나에게는
어떤
이야기가
있는가

아마존이 골리앗 소니를 제치고 전자책 시장을 석권한 것도
콘텐츠 시장의 고객을 더 잘 알았기 때문이 아닐까?
한국에서도 아마존이 너무 빨리 들어오지 않는다면,
삼성보다 교보문고나 예스24에 더 가능성이 있지 않을까?

스토리는 영웅을 원한다

∞ ∞ ∞ ∞ ∞

동서고금 역사에는 동명이인이 많이 등장한다. 그래서 가끔 헷갈린다. 춘추전국시대 제환공齊桓公도 마찬가지다. 결론적으로 말하면 제환공은 두 명이다. 첫 번째 제환공은 춘추오패 중 첫 패자이자 춘추시대의 영웅인 제환공 강소백姜小白이고, 두 번째 제환공은 전국시대에 강씨 제나라를 끝내고 전씨 제나라를 연 전화의 아들 제환공 전오田午다. 전오는 특별한 위업을 남기지 않았다. 거의 무명인이다.

이들은 성부터 다르다. 더욱 다른 것은 죽음이다. 춘추시대 영웅 강씨 제환공은 '관포지교'로 유명한 관중의 유언을 무시했다가 간신들에 의해 유폐되어 굶어 죽었다. 전국시대의 전씨 제환공은 신의神醫라고 불린 편작扁鵲의 치료를 거부하다 죽었다.

그런데 후대의 저술가들은 스토리를 만들 때 드라마틱한 사건의 주인공 자리에 영웅을 불러냈다.

"편작은 (중략) 춘추시대 최초의 패자가 되는 제환공의 죽음을 예언하여 화타와 함께 동양 의술의 쌍벽을 이루는 대가가 되었다."

— 이수광,《신의 편작》

"춘추시대 패자로서 훌륭한 군주로 칭송받던 제환공이었으나, 마음의 결정을 내리는 시기(편작의 진단을 의심하여 미루다 치료할 시기)를 놓쳐 그의 삶과 죽음을 갈라놓았다."

— 김양호,《성공하는 사람은 생각이 다르다》

두 책의 저자들도 스토리는 영웅의 것이란 강박에서 벗어나지 못했다. 편작의 치료를 거부한 제환공은 무명의 전오

였지만 저자들은 영웅 강소백 제환공을 불러냈다.

왜 그랬을까. 단순한 착각이었을까. 아니면 저자들의 심리 내면에 감춰진 스토리의 힘에 대한 요구 때문이었을까. 편작이 신의가 되려면 그의 진단을 무시하다 죽음에 이르는 이는 적어도 춘추오패 정도는 되어야 한다. 그래야 스토리가 된다. 그래서 무명인 전오 대신 성도 죽음도 달랐던 춘추시대의 패자 강소백이 호출된 것이다. 물론 실수다. 그러나 그런 실수를 유발한 것은 스토리의 힘이다.

팩트는 힘이 없다

∞ ∞ ∞ ∞ ∞

(1)

1590년, 도요토미 히데요시, 일본 전국 통일.

1592년, 조선 침략, 임진왜란 발발.

1598년, 도요토미 히데요시, 사망.

1598년, 왜군 조선 철수, 정유재란 종전.

(2)

도요토미 히데요시가 일본 전국시대를 통일하자마자 눈을 조선으로 돌려 2년 뒤인 1592년 임진왜란을 일으킨다. 그러나 조선과 명 연합군에 밀려 두 차례 전쟁에서도 뜻을 이루지 못하고 결국 눈을 감게 되고 전쟁은 7년 만에 끝난다.

(1)은 팩트, (2)는 스토리다. E. M. 포스터가 《소설의 이해》에서 " '왕비가 죽고 왕이 죽었다'는 팩트이고, '왕비가 죽자 왕이 상심한 나머지 세상을 떠났다'는 스토리다"라고 말한 것과 상통한다. 즉 스토리에는 팩트와 달리 갖추어진 맥락이 있다. 그래서 스토리를 봐야만 도요토미 히데요시는 왜 조선을 침략했고, 왜 7년간 지속했던 전쟁이 끝나게 되었는가를 알 수 있다.

앨빈 토플러 이후 최고의 미래학자로 평가받는 다니엘 핑크는 《새로운 미래가 온다A Whole New Mind》에서 미래 인재의 여섯 가지 조건을 다룬다. 디자인, 조화, 공감, 유희, 의미, 그리고 스토리다. 한때 열병처럼 젊은이들이 집착했던 스펙의 허구를 다룬 《스토리가 스펙을 이긴다》에서도 제목 그대로 스펙의 대안이 스토리다. 왜 지금 스토리가 강조되는가?

스토리는 팩트를 기반으로 하지만, 팩트를 재구성하여 탄생한다. 여기서 중요한 것은 재구성이다. 재구성을 어떻게 하느냐에 따라 스토리는 전혀 달라진다. 그래서 하나의 팩트로 수천 수만 가지의 스토리가 만들어진다. 이것이 스토리의 원천적 힘이다.

재구성의 주체는 자신이고, 자신의 목소리다. 감정에 호소할 수 있고 설득할 수 있고 남과 다른 고유함을 부각할 수 있다. 미래 사회에서 가치는 '나만의 것'이다. 나만의 것은 기존과 '다름'에서 시작된다. 그 '다름'이 가지는 설득력의 크기, 감정에 호소하여 행동을 유발하게 하는 등 다음 단계로 확산하는 정도는 가치의 크기와 비례한다. 팩트와 달리 스토리는 가치를 품고 있는 것이다. 팩트와 달리 변화를 일으키는 요인이 되는 것이다.

지금 스토리가 강조되는 이유다.

보이지 않는 한 개의 돌

∞ ∞ ∞ ∞ ∞

　일본 교토에 가면 료안지龍安寺라는 절이 있다. 15세기 말 한 무인의 별장을 양도받아 세운 선종사찰이다. 이곳이 세계적으로 유명한 이유는 돌과 모래만으로 이루어진 정원 때문이다. 료안지의 정원이 있는 본당은 유네스코 세계문화유산으로 지정되어 있기도 하다.

　정원은 생각보다 크지 않다. 게다가 단순하기 그지없다. 평평한 바닥에 갈퀴질로 정돈된 모래밭 중간중간에 열다섯 개의 돌이 다섯 개씩 흩어져 놓여 있을 뿐이다. 명성에 기대를 안고 찾아간다면 초라하기까지 한 료안지의 정원에 크게 실망할 것이다. 그러면 어떻게 이 정원이 교토를 방문한 관광객들이 가장 많이 찾는 명소가 되었을까? 거기에 바로 스토리가 있다.

료안지의 정원에서 모래의 이랑은 하얀 파도가 이는 바다의 물결을 표현하고, 모래 위에 놓인 열다섯 개의 돌은 바다 위로 솟은 섬을 상징한다. 그런데 이는 여느 일본 정원에서도 흔히 볼 수 있다. 그래서 바다와 섬이 표현된 정원의 간결함과 가지런함만으로는 료안지 정원의 비밀을 다 설명할 수 없다.

다른 스토리가 더해졌다. 정원 어느 곳에서도 모래밭 위의 돌 열다섯 개가 한눈에 다 보이지 않는다. 아무리 돌을 세어보아도 대부분 열네 개밖에 찾을 수 없다. 그래서 방문객들은 모두 자신의 위치에서 보이지 않는 나머지 하나의 돌을 찾으려 하고, 마지막 열다섯 번째 돌을 찾는 사람은 특별한 사람이 되는 것이다.

스토리는 이걸로 끝나지 않는다. 어디에서도 열다섯 개의 돌이 보이지 않는 것은 인생에서 모든 것을 다 가질 수 없다는 진리를 의미한다. 많은 것을 바라지 말고, 한꺼번에 모든 것을 손에 쥐려는 욕심을 버리고 살라는 교훈까지 스토리는 이야기한다.

료안지에 있는 우물에는 입 구口 자를 가운데 두고 상하좌우로 글자를 연결하여 오유지족吾唯知足이란 말이 적혀 있다. 나는 오직 족함을 안다. 나는 현재에 만족할 줄 안다. 지금 가진 것에 만족하라. 쓸데없는 욕심을 버려라. 정원에서 얻은 깨달음을 확인시켜주는 배려까지 스토리로 연결하고 있다.

관광명소 같은 볼거리를 기대한 사람들에겐 허망하기 짝이 없다. 그러나 정원에 담긴 스토리만으로도 료안지는 교토 최고의 관광 명소로 각광받고 있다.

커뮤니케이션은
지시어가 아니라 관계어

∞ ∞ ∞ ∞ ∞

커뮤니케이션communication의 어원은 '나눈다'라는 뜻의 라틴어 코뮤니케어communicare다. 그래서 커뮤니케이션은 지시나 의미를 일방적으로 전달하는 행위가 아니라 정보와 감정을 서로 나누어 가진다는 관계를 목적으로 하는 단어가 아닐까.

2011년 1월 13일 버락 오바마 미국 대통령은 애리조나 총기난사 사건의 희생자 추모식 단상에 올랐다. 30여 분 이어진 연설 말미에 오바마는 사건의 최연소 희생자인 여덟 살 난 크리스티나 그린을 거론했다. "나는 우리 민주주의가 크리스티나가 상상한 것처럼 좋아졌으면 한다. 그리고 우리 모두는 바로 우리 아이들이 꿈꾸는 그런 나라를 만들기 위해 최선을 다해야 한다." 그런데 이 말을 마치고 오바마는 연설을 멈췄다. 현장에 모인 사람들, 그리고 전국에서 TV를 보고 있던 시청자들은 일제히 오바마를 응시했다.

10초 후 오바마는 오른쪽으로 고개를 돌렸다. 직감했다. 그는 눈물을 참고 있었다. 다시 10초가 흐르자 마음을 추스르는 듯 크게 심호흡을 했다. 그럼에도 오바마는 연설을 바로 잇지 못했다. 또 10초 간 그는 눈을 여러 번 깜빡였다. 이렇게 수천만 국민이 지켜보는 가운데 오바마는 51초 동안 연설을 중단한 채 침묵했다. 그러고 나서야 그는 어금니를 꽉 문 채 연설을 마무리했다.

이 51초의 침묵으로 오바마는 여와 야, 진보와 보수를 떠나 전 국민과 감정을 공유했다. 대중 앞에서, 어떤 연설에서도 감정 노출을 극도로 피했던 오바마였기에 그가 1분 가까이 자신을 추스르려고 애썼던 모습 하나하나는 전 국민에게 진정성으로 다가갔다. 그는 굳이 한 나라의 대통령으로서의

모습만 보여주려 하지 않았다. 크리스티나보다 석 달 먼저
태어난 딸을 둔 한 아버지의 모습을 국민들에게 드러냈다.
그래서 국민은 하나가 될 수 있었다. 바로 이것이 커뮤니케
이션이다.

영화의 한 장면이다. 푸른 대평원에 영국군과 프랑스군이
맞서 있다. 양쪽 병사들은 대검을 꽂은 장총을 앞으로 겨눈
채 곧 북소리만 울리면 진격할 태세다. 그때 영국군 장군이
말에 탄 채 연설을 한다. "제군들이여, 프랑스의 이 마지막
전선을 뚫으면 우리 앞에는 파리의 여인들이 기다리고 있
다!" 영국군은 짐승 같은 웃음과 함께 장총으로 땅을 두들기
며 환호성을 지른다.

이어 프랑스 진영으로 화면이 바뀐다. 긴장한 채 약간 굳
은 프랑스 병사들, 그들 또한 장군의 비장한 연설을 기다린
다. "저 야만족으로부터 우리의 아내와 딸들을 지키자!"라는
장군의 선동을 기다리는지 모른다. 그러나 프랑스 장군은
말을 탄 채 아무 말 없이 대열 앞을 천천히 이동한다. 대열에

선 병사들 한 명 한 명을 그윽하게 바라본다. 그의 눈에는 눈물이 가득하다. 하늘을 쳐다보는 순간 눈물이 뺨 위로 주르르 흘러내린다. 그러자 프랑스 병사들의 눈도 벌겋게 달아오르며 장총을 움켜쥔 손이 강한 힘으로 부르르 떨린다. 무리에 있는 병사들의 수군거리는 소리가 들린다. "지금 장군은 우리가 죽으러 가는 것을 알고 있어."

전투는 영국군의 승리로 끝났다. 그러나 프랑스군 단 한 명도 항복하지 않았다. 푸르렀던 벌판이 붉게 물들 때까지 용감하게 싸웠다. 병사들은 자신들의 입장에 서서 슬퍼하고 눈물을 흘려주는 장군을 위해 기꺼이 목숨을 바친 것이다.

2002년 대통령 선거는 TV 광고 캠페인의 영향력이 얼마나 큰지 여실히 보여주었다. 당시 노무현 후보는 몇 편의 TV 광고를 내보냈고, 그중에서 〈상록수〉 편이 압권이었다. 상대 후보였던 이회창 후보가 화려한 경력과 정책을 홍보하는 데 여념 없었던 반면 노무현 후보는 앞서 〈눈물〉 편에서 눈물을 보인 후, 〈상록수〉 편에서는 기타 치는 모습을 보였다.

'상록수'라는 노래 선정, 그 가사, 그리고 넥타이를 푼 와이셔츠 차림으로 기타를 치는 대통령 후보. 이 광고 하나로 적어도 30, 40대의 표는 이유 없이(!) 노무현 후보로 몰릴 수밖에 없었다고 생각한다. 30, 40대들이 누군가? 1987년 6월 항쟁을 주도한 세대가 아닌가. 대학생이었고 샐러리맨이었던 그들이 넥타이를 풀고 거리로 뛰쳐나와 어깨를 걸고 함께 불렀던 노래가 '상록수'였고 그래서 기득권을 내세웠던 지배 세력으로부터 승리를 쟁취하지 않았는가. 노무현 후보의 〈상록수〉 편은 바로 이 30, 40대들과 정서적 커뮤니케이션을 노린 것이다.

커뮤니케이션은 도구다. 장황설이든 침묵이든, 논리적이든 감성적이든 선택이다. 목적은 공유다.

콘텐츠가 답이다

∞ ∞ ∞ ∞ ∞

한국 시장은 아직은 폭풍전야다. 하지만 적어도 미국 등 북미 시장은 이미 대세로 자리 잡았다. 전자책e-book 시장 이야기다. 몇 년째 100퍼센트 가까운 성장을 거듭해왔다. 미국 상위 출판사들의 최근 몇 년간 매출 구조를 보면 종이책 매출이 80퍼센트까지 감소했지만, 전체 매출은 떨어지지 않았다. 전자책 매출이 차액을 메웠기 때문이다. 이익률은 당연히 올랐다. 말 그대로 '전자책은 출판의 미래다.'

이 변화의 한가운데에 아마존의 킨들이 있다. 전자책을 읽는 단말기인 킨들의 시장점유율은 최근 애플 아이패드의 선전으로 떨어졌다고 하지만, 2008년 출시 이래 50퍼센트 이상을 유지하고 있다.

그런데 많은 사람들이 전자책 단말기e-book reader에 대해 잘못 아는 것이 있다. 아마존의 킨들이 시장 선도자, 즉 퍼스트 무버first mover라고, 그리고 킨들의 성공 이유가 전자잉크e-ink 도입이라고 알고 있다.

그러나 전자책 단말기를 시장에 처음 내놓은 회사는 아마존이 아니라 소니다. 최초의 단말기도 아마존의 킨들이 아니라 소니의 리브리다. 소니는 2004년에 이미 전자잉크가 탑재된 6인치 이북 리더 리브리를 일본 시장에 내놓았다. 아마존의 제프 베조스는 전자잉크 시연장에서야 겨우 리브리를 처음 접했다. '이 기계가 내 사업을 망치겠구나' 하고 생각했을 것이다. 30대를 구입해서 직원들에게 나눠주고 연구하라고 지시했다. 사실 그때만 해도 아마존이 전자책 단말기를 만들 거라고 예측한 사람은 아무도 없었을 것이다. 왜냐하면 아마존은 콘텐츠 회사였지 통신망 사업자도, 기기 제조업체도 아니었기 때문이다. 3년 뒤 리브리가 미국 시장에 진출하고도 14개월이 지난 뒤에야 아마존은 킨들을 출시했다. 킨들은 이북 리더의 세컨드 무버다. 그리고 퍼스트 무버인 소니의 리브리와 마찬가지로 킨들 역시 전자잉크를 탑재했다. 게다가 퍼스트 무버보다 더 나아지지도 않았다. 즉, 적어도 전자잉크가 성패 요소는 아니었다.

그렇다면 세컨드 무버인 킨들의 성공 요인은 무엇일까? 해답은 퍼스트 무버인 소니의 리브리에 있다. 아이러니컬하게도 리브리가 세상에 처음 소개되던 바로 그날이 리브리의 최고의 날이자 실패의 출발이었다. 그날 소니는 당시 일본 상위 10개 출판사 대표들을 본사 대회의장에 초청해 리브리를 선보였다. 세계 최고의 전자기술을 품은 리브리, 거기에 마침내 세계 최초로 전자잉크까지 겸비하여 화면이 마치 잉크로 글을 쓴 종이라고 착각할 정도의 리브리. 소니는 출판사 사장들 앞에서 "이것이 리브리"라고, "사용하기 쉽고, 간단하며, 편리"하다고 '자뻑'했다.

그러나 그 자리에 참석한 출판사 사장들에게 리브리는 종이 출판의 종말을 재촉하는 괴물로 비쳤다. 불행하게도 소니는 확인사살까지 했다. '언젠가는 여러분들이 출판하는 모든 책들이 이 이북 리더로 읽힐 것이다.' 출판사 사장들은 일본인 특유의 태도를 취했다. 즉 겉으로는 적극적인 태도를 보였지만 뒤로 따로 모여 '리브리 죽이기'에 나섰다. 결국 2004년 리브리가 세상에 나왔을 때 독자들이 세계 최고의 전자회사가 세계 최고의 기술로 만든 이북 리더로 읽을 수 있는 책은 겨우 수천 권에 불과했다. 상위 10개 출판사들이 회사별로 100권씩만 소니에게 제공하기로 결의했기 때문이다.

킨들로는 출시 첫날부터 8만 권이 넘는 타이틀을 다운로드할 수 있었다. 뉴욕 타임스 베스트셀러들이 다 포함되어 있었다. 최근 교보문고에서 출시한 단말기 샘도 차별화된 마케팅의 핵심인 샘통에 수백 권밖에 들어 있지 않다. 물론 베스트셀러는 전시용으로 한두 권밖에 없다.

너무나 당연한 이야기지만, 이북 리더는 책 읽는 기기다. 따라서 핵심은 풍부한 콘텐츠다. 자신이 읽고 싶은 책이 그 안에 있어야 한다. 다음으로 다운로드 속도가 문제고, 화면의 질이고, 가격이 문제가 된다. 소니는 핵심과 그 핵심을 가진 파트너와의 관계를 가볍게 생각했다. 교보문고는 안타깝다. 출판사들의 소극적 태도를 바꿀 현실적 대안을 가지지 못했다.

콘텐츠 시장이 날로 커지고, '미래의 힘은 콘텐츠에 있다'라는 사실을 모두 잘 안다. 그러나 콘텐츠 비즈니스 체인에서 키 플레이어들의 불균형으로 불완전한 시도들이 반복된다. 콘텐츠 개발 라인은 장르가 다양하고, 장르별 플레이어들이 너무 많으며 소규모이고 영세하면서도 독립성이 강하다. 내용상으로 '갑'이지만 비즈니스 체인을 주도할 역량이 없어 '을'로 밀려 있다. 반면 통신망 사업자나 기기 제조업체들은 확실한 브랜드가 있으며 비즈니스 체인을 휘두를 힘도 가졌다. 그러나 콘텐츠 속성에 대한 이해가 부족하다. 콘텐츠를 모른다. 콘텐츠를 많이 모으기만 하면 되는 줄 안다. 그런 점에서 시장 지배력과 힘을 갖추고 콘텐츠 비즈니스를 통해 콘텐츠의 속성을 어느 정도 익힌 메이저 플랫폼 업체들이 상대적으로 콘텐츠 비즈니스를 주도하기 가장 좋은 위치에 있다.

"원 클릭의 세계에서 (중략) 성공으로 가는 열쇠는 디바이스의 성능이 아니라 고객의 문제, 고객의 체험을 디자인하고 이를 비즈니스 시스템으로 디자인하는 것"(A. 슬라이워츠키, 《디맨드》)이다. 아마존이 (당시!) 골리앗 소니를 제치고 전자책 시장을 석권한 것도 콘텐츠 시장의 고객을 더 잘 알았기 때문이 아닐까? 한국에서도 아마존이 너무 빨리 들어오지 않는다면, 삼성보다 교보문고나 예스24에 더 가능성이 있지 않을까?

4

내 곁에는
누가
있는가

'gift'는 영어로는 '선물'이지만 독일어로는 '독'이다.

둘 다 기원은 '주다give'에 어원을 두고 있다.

어떻게 선물이 독이 되었을까?

해답은 give의 속성에 있다. 세상에 공짜란 없다.

모두 리더만 바라보고 있다

∞ ∞ ∞ ∞ ∞

아프리카에는 비비라고도 불리는 개코원숭이가 살고 있다. 이들은 30~40마리가 대가족을 이뤄 생활하고 서열 의식이 확실하다. 우리에게 잘 알려진 제인 구달 박사를 포함해 많은 동물행동학자들이 이 개코원숭이를 오랫동안 관찰했다. 재미있는 것은 연구를 위해 먼저 우두머리를 찾아야 하는데 생각보다 금방 찾아낼 수 있다는 사실이다. 어떻게? 놀랍게도 개코원숭이들은 25초마다 한 번씩 우두머리를 힐끗힐끗 쳐다보며 우두머리가 하는 행동을 그대로 따라 하기 때문이라는 것이다.

리더가 되면 제일 먼저 느껴지는 건 전과 달리 모두가 자신만 바라보고 있다는 사실이다.

위르겐 푹스가 쓴《리더의 지혜를 담은 동화책》에 나오는 이야기다.

한 농부가 있었다. 그가 수확한 옥수수는 품질이 뛰어나 농산물 박람회에서 늘 일등을 차지했다. 이웃 사람들은 그를 부러워했다. 그런데 그는 이웃 농부들에게 자신이 가진 가장 좋은 씨앗을 나눠주었다. 그것도 공짜로. 놀란 이웃들이 이유를 물었더니 이렇게 답했다.

"다 나 잘되자고 하는 일이지요. 바람이 불면 꽃가루가 날리지 않습니까? 만약 이웃 들판에서 품질이 떨어지는 옥수수를 기른다면, 그 옥수수의 꽃가루가 날아와 내 밭에 자라는 옥수수의 품질까지 떨어뜨릴 수 있지 않습니까? 그러니까 이웃들도 최상의 옥수수를 기르는 것이 제게도 도움이 된다는 겁니다."

리더가 되면 가장 먼저 바꾸어야 할 태도가 바로 '나만 잘하면 돼'라는 생각이다. 얼른 '다함께 잘돼야 해'라는 생각으로 바꾸어야 한다. 또 모두가 잘되는 것이 바로 내가 잘되는 길이라고 생각을 전환해야 한다.

《감성지능》으로 유명한 대니얼 골먼은 〈하버드 비즈니스 리뷰〉지에 기고한 〈사회적 지능과 리더십〉이라는 논문에서 "부하 직원에게 미소를 지으며 부정적 평가를 전달하는 경우와 긍정적 평가를 주면서 찡그린 경우를 비교해봤더니 놀랍게도 전자보다 후자가 더 부정적 평가를 내렸다고 생각한 사람이 많았다"라고 했다.

리더가 아침에 출근해서 가방을 책상에 탁 하고 소리 내 올려놓기만 해도 사무실에 있는 모든 직원들은 하루 종일 고객과 통화하면서 이유 없이 짜증을 많이 낸다.

거울 뉴런mirror neuron 때문이다. 뇌과학 연구가 리더십에 가장 큰 영향을 준 성과 중 하나가 바로 거울 뉴런의 발견이다. 거울 뉴런은 실제 행동하지 않더라도 보거나 소리만 들어도 자신이 직접 경험할 때와 동일하게 움직이는 신경세포다. 상대방이 하품을 하면 따라 하품이 나온다거나, 14개월이상 된 아기들이 다른 아기의 울음소리를 듣고 함께 우는것도 거울 뉴런 때문이다. TV 시트콤에서 특정 장면에 웃음소리를 넣는 것도 거울 뉴런을 이용하여 시청자들이 덩달아웃게 하려는 장치다.

긍정적 사고든 부정적 사고든 스스로 만든다. 그런데 긍정적 사고든 부정적 사고든 다른 사람에게 전염된다. 리더에게는 조직에 부정적 사고를 차단하고 긍정적 사고를 확산하는 일이 최우선이다.

한 발 물러설 줄 알아야 리더

∞ ∞ ∞ ∞ ∞

학택지사涸澤之蛇라는 말이 있다. 법가를 주창한 한비자의 《설림說林》 상편에 나온다. 한비자의 《설림》은 말 그대로 이야기의 숲, 과거 역사나 전기, 일화를 간추려 만든 설화집이다. 한비자는 자신의 계책을 제왕들에게 팔아야 했기에 그들을 쉽게 설득할 만한 풍부한 사례가 필요했고, 이를 역사에서 끌어왔다. 《설림》도 그런 취지로 만든 책이다.

학택지사. 학涸은 '물이 말라버렸다'라는 뜻이니 학택은 물이 바짝 마른 연못이고 학택지사는 그런 연못의 뱀이라는 말이다. 당연히 고사가 뒤따른다.

어느 여름날 가뭄으로 못의 물이 말라버렸다. 연못에 살던 뱀들은 서둘러 다른 연못으로 자리를 옮겨야 했다. 그러나 연못을 나와 이동하다가 자칫 사람들 눈에 띄면 큰일이다. 이때 작은 뱀이 큰 뱀에게 말했다.

"당신이 앞장서고 제가 뒤따라가면 사람들이 우리를 보고 보통의 뱀으로 여겨 죽일지 모릅니다. 그러나 당신이 저를 등에 업고 간다면 당신처럼 큰 뱀이 저같이 작은 뱀을 떠받드는 것으로 보여 우리를 아주 신성한 뱀으로 여길 겁니다. 그러면 사람들이 쉽게 우리를 해치지 못할 겁니다."

큰 뱀은 이 제안을 받아들여 작은 뱀을 업고 연못을 나와 사람들이 다니는 큰 길을 지나 다른 연못으로 옮겨갔다. 작은 뱀의 예상대로 사람들은 큰 뱀이 작은 뱀을 떠받드는 것이 신기하여 아무도 건드리지 않았다.

한비자는 《설림》에 이 고사를 인용한다. 춘추 말기 제나라의 실력자였던 전성자田成子가 군주 간공을 살해하고 나라를 잠시 찬탈했다 실패하여 연나라로 도망칠 때다. 조나라 국경

망읍에 이르렀을 때 신표와 짐을 들고 수행하던 치이자피가 전성자에게 아뢴다. "혹 학택지사란 말을 들어보셨는지요? 지금 선생은 훌륭해 보이고, 저는 추해 보입니다. 선생을 제가 윗사람으로 모신다면 사람들은 선생을 작은 나라의 왕千乘之君 정도로 볼 겁니다. 그러나 만일 선생이 제 시종처럼 위장한다면 큰 나라 정승萬乘之卿으로 여길 겁니다."

전성자는 치이자피의 말을 따랐고 여관에 들렀을 때 여관 주인은 이들을 귀인이라 여겨 술과 고기를 바치며 크게 대접했다.

한비자가 이 사례로 제왕들에게 전하고자 한 메시지를 요새 말로 하면 '섬김의 리더십'이 아닐까? 형만 한 아우 없다고 리더보다 뛰어난 부하는 없다. 애초에 능력이 더 출중했다면 그가 리더가 되지 않았겠는가. 그런데 문제는 그 잠시도 자신을 내세워야 하고 드러내야 직성이 풀리는, 든 게 없는 자가 리더의 자리에 간혹 있기에 한비자가 학택지사를 이야기하지 않았겠는가.

기브 앤 테이크는 틀렸다

∞ ∞ ∞ ∞ ∞

한비자의《설림》에서 고사 하나를 더 인용해보자.

장욕취지 필선여지將欲取之 必先與之.

'장차 취하고자 한다면 반드시 먼저 주어야 한다.'

춘추시대 말기에 진나라 6경卿 중 지백智伯이라는 자가 있었다. 그는 무력으로 다른 경들의 영토를 빼앗았다. 지백이 6경 중 다른 한 사람인 위선자魏宣子에게 영토를 내놓으라고 위협했을 때, 위선자는 이유 없이 땅을 달라고 한다며 저항하였다. 이때 위선자의 신하인 임장任章이 조언하였다.

"지백이 지금 이웃 나라들을 무력으로 위협하여 땅을 빼앗고 있습니다. 군주께서도 지백에게 땅을 내주면 지백은 더욱 교만해져 상대를 가벼이 여길 것입니다. 당장 이웃 나라들이 그를 두려워하겠으나 한편으로 서로 가까워질 겁니다. 이렇게 한마음이 된 나라들의 군대와 적을 가벼이 여기는 나라의 군대가 맞선다면 누가 이기겠습니까? 지백의 명도 오래가지 못할 것입니다.

《주서周書》에 이르기를 "장차 남을 패망하게 만들려면 우선 그를 도와주어야 하고, 무언가를 취하고자 한다면 먼저 주어야 한다[將欲敗之 必姑輔之 將欲取之 必姑與之]"라고 하였습니다. 군주께서는 지백의 요구대로 땅을 내주어 그를 교만하게 만드는 것이 좋을 것입니다. 군주께서는 이웃나라들과 동맹하여 지백을 타도할 계획을 세우지 아니하고 어찌하여 홀로 그의 공격 목표가 되려 하십니까?"

위선자는 임장의 말을 따라 지백에게 영토 만 호를 내주었다. 지백은 더욱 교만해져 이번에는 조양자趙襄子에게 땅

을 요구했다. 이때 조양자는 지백의 요구를 거부하고 위선
자 등과 연합하여 지백과 싸워 그를 무너뜨리고 그의 땅을
함께 나누어 가졌다.

고사에서 말하는 주다give와 취하다take의 관계는 'give
and take'보다 'give to take'다. 사실 give는 take를 전제한
다. 종교기원설 중에 영국의 인류학자 타일러의 '예물설the
gift theory'이 있다. 이 주장도 '당신이 되돌려줄 것을 믿으며
바친다do ut des'는 원리를 적용하고 있다.

'gift'는 영어로는 '선물'이지만 독일어로는 '독'이다. 둘
다 기원은 '주다give'에 어원을 두고 있다. 어떻게 선물이 독
이 되었을까? 해답은 앞서 말한 give의 속성에 있다. 세상에
공짜란 없다. 상대방이 선물을 하면 반드시 그에 상응하는
보답을 해야 한다. 상응할 보답을 주지 못하면 죽음이 뒤따
른다. 그러니 정작 상대방이 내미는 선물이 독이 될 수 있
다. 그래서 독일에서는 gift가 독이 된 것이다.

그러니 받는 사람의 입장에서는 준다고 덜컥 받을 일만은

아니다. 또한 주는 입장도 마찬가지다. 기부가 영어로 'giving'이다. 받는 사람을 고려하지 않은 기부는 상대방에게 독을 주는 셈이 된다.

선장은 피가 나올 때까지
혀를 깨문다

∞ ∞ ∞ ∞ ∞

스카치테이프와 포스트잇으로 유명한 세계적인 기업 3M. 3M 하면 제일 먼저 떠올리는 단어는 역시 창의성이다. 매년 수백 종의 신제품이 쏟아져 나온다. 이는 일주일에 하루 정도는 개인이 자신의 아이디어를 연구할 수 있다는 15퍼센트 룰을 두어 실질적으로 개인의 창의성을 지원하기 때문이고, 사업부마다 연 매출의 30퍼센트는 4년 전에 존재하지 않은 신제품에서 나와야 한다는 목표를 주기 때문이다.

그래서 3M에서는 두 가지 격언을 지키고 있다고 한다. 누가 어떤 제안을 하더라도 '신제품에 대한 아이디어는 죽이지 말라', 그리고 그 아이디어가 아니다 싶더라도 '아이디어

는 죽이지 말고 잠시 물러나서 생각해보라.'

어느 회사 CEO든 3M을 따라 하고 싶다. 과감하게 근무 시간의 15퍼센트 뚝 떼다가 개인에게 알아서 하라고 던져주고 싶다. 거기서 스카치테이프와 포스트잇이 개발된다면. 그러나 많은 CEO들이 알면서도 못한다. 이유는 스카치테이프와 포스트잇이 나올 때까지 기다리기가 어렵기 때문이다. 회사 일을 하는지 개인 일을 하는지, 일을 하는 건지 노는 건지 모를 조직의 혼란을 참고 기다리는 것이 쉽지 않기 때문이다.

그래서 3M에서는 또 하나의 격언을 지키고 있다. '선장은 피가 나올 때까지 혀를 깨문다.' 이 격언은 미국 해군사관학교의 격언에서 따왔다. 미국 해군사관학교에서는 졸업에 앞서 실전 운항 훈련을 실시한다. 이 훈련 중에 교관인 선장은 키에서 손을 내리고 조용히 뒤로 물러나 생도들에게 조종을 맡긴다. 그러나 마음만은 내려놓을 수 없다. 언뜻 언뜻 자신도 모르게 입과 손이 움직이려 하지만 일단 키를 맡겼으니 더 이상 간섭할 수는 없다. 그래서 자신의 입술을 깨물 수밖에. 그러니 깨문 입술이 터져 피가 나고, 그 붉은 피가 흰 제복을 적신다는 이야기에서 나온 격언이다.

생각나는 CEO가 있다. 경영의 귀재라 불리는 제너럴모터스GM의 잭 스미스 회장. 놀랍게도 그의 좌우명은 노자의 가르침이었다. 《도덕경》에 나오는 구절이다. 리더에도 급이 있으며 최고에서 최악까지 있다는 사실을 알려준다.

"태상 부지유지太上 不知有之, 가장 뛰어난 리더는 그가 있음을 알지 못한다." 인용한 김에 그 뒤 구절까지 살펴보면 "기차 친이예지其次 親而譽之, 그다음은 어버이처럼 그를 따른다." 다음 급은 "외지畏之, 두려워하고", 최악의 리더는 "모지侮之, 업신여긴다."

최고의 리더는 규정을 내세우기보다, 아니 자상한 가르침보다 말을 아껴 직원들 스스로 일을 이루어내도록 하는 사람이라는 뜻이다. 《도덕경》은 "신불족언 유불신언信不足焉 有

不信焉, 리더가 직원들에 대한 믿음이 없으면 직원들 또한 그 리더를 믿지 아니한다"라고 그 이유를 설명하고 있다.

되돌아볼 일이다.

사람 보는 눈, 사람 쓰는 일

∞ ∞ ∞ ∞ ∞

사마천의 《사기》의 백미는 〈열전〉이다. 한 인물의 전 생애를 기록하는 다른 전기와 달리 〈열전〉은 인물의 특징적 면모만 뽑아 기록했다. 바로 이 점이 어떤 인물을 〈열전〉에 올리고, 그 인물들을 어떻게 배열했는가와 함께 사마천의 가치관과 사람 보는 기준을 가장 잘 드러내준다.

위나라 사람인 '그'는 자신을 욕하는 마을 사람 30여 명을 죽이고 위나라를 떠나며 재상이 되기 전에는 돌아오지 않겠다고 어머니에게 맹세한다. 그 후 증자의 제자로 수학하다 어머니의 임종을 듣고도 고향으로 돌아가지 않는다.

　제나라가 노나라를 공격하자 노나라에서는 그를 장군으로 임명하려 했으나 그의 아내가 제나라 사람이라 의심을 사자, 그는 아내를 죽여 선을 분명히 하고 장군이 되었다.

　그는 장수가 되자 신분이 가장 낮은 병사들과 똑같이 옷을 입고 밥을 먹었다. 잠을 잘 때도 자리를 깔지 않고 행군할 때도 말이나 수레를 타지 않고 자기가 먹을 식량은 직접 들고 다니는 등 병사들과 고통을 함께 나누었다.

　일화 하나. 그는 종기가 난 병사의 고름을 직접 빨아내주었다. 이 소식을 들은 병사의 어머니가 대성통곡했다. 장군이 이전에 남편의 종기도 빨아주어 남편이 장군에게 은혜를 갚기 위해 몸을 돌보지 않고 싸우다 전사했으니, 이제 아들도 죽을 게 뻔하기 때문이라는 것이었다.

　위무후가 배를 타고 서하를 내려가다 그에게 말한다. "아름답구나! 산천의 견고함이여! 이는 위나라의 보배로다!"제후의 말에 신하인 그가 이렇게 답한다. "나라의 보배는 임금의 덕행에 있지, 산천의 견고함에 있지 않습니다."

그가 초나라에 가서 새로 제정한 법제 내용을 보면 불필요한 관리는 지위고하를 막론하고 해임하고, 대신의 자제도 권세를 등에 업고 국록을 먹었으면 엄벌에 처하며, 왕족이든 공족이든 5대 이하는 일반 백성으로 돌린다 등이 있다.

그는 처음 노나라 장군이 되어 제나라를 공격하여 큰 공을 세웠으나, 여론이 좋지 않자 군주가 그를 탐탁지 않게 여겨 내쳤다. 그 뒤 위나라에 가 다시 장군이 되어 진나라를 쳐 5개의 성을 빼앗았다. 그 후 서하 태수가 되어 명성이 높아졌으나 젊은 군주 위무후의 견제를 받아 재상에 오르지 못하고, 재상에 오른 공숙의 모함에 쫓겨 초나라로 도망갔다. 초나라에 가자마자 재상에 임명되어 법제를 정비하는 등 개혁 드라이브로 국력을 빠르게 키워 남으로 백월, 북으로 진과 채를 병합하고, 서쪽의 진까지 밀어내며 강성국을 만들었다.

　그의 개혁으로 밀려난 왕족과 대신들이 선왕의 죽음을 기회로 난을 일으켜 그를 공격했다. 선왕의 묘로 도망간 그는 수십 발의 화살을 맞고 숨을 거두었다. 그를 죽인 일에 가담한 가문을 새 군주는 멸족한다. 70여 가문이 이 일로 멸족당했다.

　사마천의 〈사기열전〉에 등장한 수많은 인물군 중 이 사람처럼 파란만장한 삶을 산 이도 드물다. 또 그만큼 후세 평가도 엇갈린다. 과연 사마천은 그를 어떻게 평했을까?
　〈열전〉에 '그는 성격이 차고 난폭하기 때문에 몸을 망친다'라고 부정적으로 기술한 것으로 보아 사마천은 그를 능력에 비해 덕이 부족한 인물로 평가한 듯하다. 사실 사마천은 〈열전〉에서 사람됨의 판단 기준을 능력과 업적보다 선善과 의義로 갈랐다. 그뿐 아니라 〈열전〉에는 매우 유능하나, 능력을 시기한 모함에 빠져 불행한 최후를 맞는 이가 많이 등장한다. 그 또한 〈열전〉의 가르침의 하나인지 모른다.

그의 이름은 오기吳起다.

오기傲氣의 사전 풀이를 보니 '힘이 달리면서도 남에게 지기 싫어하는 마음'이라고 명시되어 있다. 딱 오기吳起다. 참으로 안타깝다. 그는 재상이 되고 싶어 했으나 위무후는 전문을 재상에 임명한다. 그러자 오기는 전문을 찾아가 "당신과 나의 공로를 비교해보자"라며 군사를 다스리고, 나라의 화합과 재정을 튼실히 하고, 밖으로 나라의 위엄을 높이는 데 누가 더 적임자냐고 묻는다. 전문은 "그 세 가지 모두 나는 당신만 못하오. 그러나 왕의 나이가 어려 나라가 안정을 못 찾고, 신하들이 왕의 말을 듣지 않고, 백성들은 그런 왕을 믿지 못하는 시기에 누가 재상이 되면 좋겠소?"라고 되묻는다. 그러자 오기는 "당신이 맡는 게 좋겠소"라고 인정하며 물러난다. 돌아서는 뒷모습이 참으로 짠하다.

〈사기열전〉에 소개된 오기의 모습을 위와 같이 나누어보니 어찌 한 사람의 모습인가 싶다. 부하의 종기를 직접 빨아주는 장군의 모습, 설마 병사가 자신을 위해 죽도록 싸워주

길 바란 계산된 행동이었을까? 아내의 목을 친 일과 국정 개혁을 위해 공신을 내친 일, 주군 앞에서 입바른 소리를 한 것, 그가 후일을 계산했다면 쉽게 하지 못했을 일들이다. 전문의 말을 듣고 기꺼이 인정하고 재상의 자리를 포기하는 모습도 '오기'로 똘똘 뭉친 이의 태도는 아니다. 그래서 사마천의 인물평 중 '차다'는 말만 쉬 수용된다.

　사람 보는 눈과 사람 쓰는 일, 참 어렵다.

스스로 싸우게 하라

∞ ∞ ∞ ∞ ∞

어떻게 하면 직원들이 즐겁게, 행복하게, 그리고 최고의 역량을 발휘하도록 만들 수 있을까? 리더의 오랜 고민이다. 그런데 답은 바로 그 일에 몰입하게 하는 것이다.

마라토너들이 자주 쓰는 '러너스 하이runner's high'라는 말이 있다. 마라토너가 출발한 지 한 시간쯤 지나면 육체적으로 힘든 시간이 찾아온다. 이 위기만 넘기고 나면 상쾌함과 황홀감을 느끼며 몸속에서 힘이 솟고 언제까지나 어디까지나 뛸 수 있을 듯한 기분이 든다. 이때가 러너스 하이다. 몰입의 순간이다. 등산을 할 때도 그런 순간을 종종 경험한다.

중국 한나라 때 명장 이광李廣의 이야기다. 집안 대대로 궁술이 뛰어났던 이광이 하루는 사냥을 나갔다가 길을 잃었다. 그런데 그때 풀숲에서 커다란 호랑이가 자신을 노려보는 것이 아닌가. 깜짝 놀랐던 이광은 이내 마음을 가다듬었다. 그리고 혼신의 힘을 다해 활시위를 당겼다. 그런데 화살을 맞은 호랑이가 꿈쩍도 하지 않았다. 어찌 된 일인가 싶어 조심스레 호랑이에게 다가갔다. 자세히 보니 호랑이가 아니라 호랑이 모양의 바위였다. 그런데 놀랍게도 자신이 쏜 화살이 바위에 박혀 있었다. 이광은 원래 자리로 돌아와 마음을 가다듬고 다시 활을 쏘았다. 그러나 두 번 다시 화살은 그 바위를 뚫지 못하고 튕겨 나왔다.

몰입하면 바위도 뚫을 수 있다.

대한농구협회장이 된 방열 감독이 언젠가 이런 질문을 했다. "어떤 사람이 리바운드를 가장 많이 잡을까?" 키가 큰 사람? 점프력이 좋은 사람? 골대에 가까이 선 사람? 그가 말한 정답은 "리바운드를 잡으려는 사람, 누군가 슛을 했을 때

골 여부와 관계없이 리바운드를 잡으려고 뛰어드는 선수"라는 거다. 박지성은 속칭 '주워 먹는 골'이 많다. 슛 이후에 수비수나 골키퍼, 골대를 맞고 나온 볼을 다시 집어넣어 득점을 많이 한다. 이것을 단순히 행운이라 말하긴 어렵다. 박지성이 골을 넣겠다는 집념으로 공에서 한순간도 눈을 떼지 않았기 때문에 가능한 일이다.

중력의 법칙을 어떻게 발견할 수 있었느냐고 묻자 뉴턴은 이렇게 답했다고 한다. "한 가지만, 오직 한 가지만 생각했다." 언젠가 이성우 펜싱 여자국가대표 코치가 신문 인터뷰에서 한 말이다. "천재란 강렬한 인내자다. 단 하나밖에 없는 최선의 방법을 생각하고 또 생각한다. 결코 중도에서 생각을 멈추지 않는다."

결국 몰입은 집중의 산물이다.

물론 스스로 집중하여 몰입의 경지에 이르면 최선이다. 그러나 그것이 여의치 않으니 역사의 영웅들은 상황을 만들었다.

나폴레옹은 죽음을 무릅쓰고 싸우기 위해 부관에게 건너 온 다리를 불사르라고 명령했다. 카이사르도 육지에 도착하면 타고 왔던 배에 불을 질렀다. 스스로 퇴로를 막아 병사들이 죽기 살기로 싸워 이길 수 있도록 함이었다.

한 고조의 명장 한신은 전투를 하다 전세가 불리해지면 도리어 강을 등지고 진을 쳤다. 스스로 최악의 진법을 취하는 것이다. 이렇게 해서 병사들에게 싸우다 죽으나, 도망치다 물에 빠져 죽으나 마찬가지 상황을 주어 죽을힘으로 싸우도록 만들었다. 여기서 '배수지진背水之陣'이라는 말이 생겨났다.

이보다 더 한 게 있다. '배수지진'의 한신과 싸운 초나라 항우 이야기다. 항우가 진나라와 싸울 때다. 항우는 황하를 건너자마자 타고 온 배를 물속에 가라앉히고, 가마솥과 시루를 부수고 진영을 불태운 뒤 사흘치 군량미만 병사들에게 지급한다. 밥 지을 가마를 깨뜨리고 타고 온 배를 침몰시킨다 하여 '파부침선破釜沈船'이다.

다리를 불사르고, 배를 침몰시키고, 강을 등지고 진을 치고, 밥솥을 깨뜨린다. 병사들을 전투에 몰입하게 만들려는 영웅들의 잔꾀다. 그러나 최악의 경우에 대비하지 않고 한 프로젝트에 회사의 명운을 거는 리더의 결정에 직원들은 도리어 불안해하지 않을까? 퇴로를 준비하지 않는 리더를 무책임하고 무능력하다고 평가하지 않을까? 오늘날 배수지진을 치고 파부침선하는 리더를 과연 결단 있는 리더라 칭할 수 있을까?

그래서 배수지진도 파부침선도 병사들이 전쟁의 의미를 깨달아 승리를 위해 스스로 전투에 몰입하게 만드는 리더십보다는 하수라는 생각이다. 몰입은 스스로 동기부여가 될 때 일 근육으로 축적되기 때문이다.

조직을 사지로 이끄는 리더

∞ ∞ ∞ ∞ ∞

조나라에 조사趙奢라는 명장이 살았다. 그의 아들 조괄도 아버지를 따라 어릴 때부터 병법 공부를 좋아했다. 자연 부자는 종종 병법 이론을 겨루었다. 언제부턴가 아들 조괄이 조사와 논쟁에 앞서나갔다. 그러나 아버지 조사는 아들과 논쟁에 밀리면서도 항상 아들의 주장에 동의하지 않았다.

"무릇 전쟁은 목숨을 거는 일이다. 그런데 괄의 병법은 말로서는 화려하나 실전에서는 도움 되지 않는 이론이다. 만에 하나 괄이 장군이 된다면 병사들을 파탄으로 이끌 것이다."

아들에게 부모가 한 말치고는 섬뜩하다. 그러나 부모로서

자식의 미래를 걱정해서 한 말이다. 조사가 죽은 후 조괄은 그의 뛰어난 병법 이론을 인정받아 장군에 오른다. 그때 다시 한 번 중신들이 조괄의 병법에 우려를 표한다.

"조괄은 분명 그의 아버지 조사보다 뛰어난 병법가임은 분명하나, 거문고의 기둥을 아교로 붙여놓기만 해서 천변만화의 음색이 나오지 않듯 그의 병법은 이론에 치중돼 실전에서 임기응변의 운용을 하지 못할까 봐 걱정스럽다."

여기서 나온 말이 교주이고슬膠柱而鼓瑟이다. 그 후 조괄은 장군으로 전쟁에 나갔다가 대패하고 자신의 목숨도 잃었다.

컨설턴트 출신으로 기업 CEO가 되어 성공한 자가 드물다는 말이 있다. 현장은 어느 교과서도 다 담지 못할 만큼 변화무쌍하다. 일을 하다 보면 정말 다양한 사람들과 부딪혀야 한다. 비즈니스란 바로 그런 현장에서도 그런 사람들과도 함께 연주해야 하는 것과도 같다.

조사가 아들 괄에게 한 말은 자식이 섣불리 목숨을 잃을

까 하는 우려가 아니라 그로 인해 죄 없는 병사들을 파탄으
로 몰아갈지도 모른다는 걱정에서 나온 것이 아닐까?

커피 브레이크가 노벨상을 만든다

∞ ∞ ∞ ∞ ∞

"노벨상 수상자들이 뛰어난 학문적 업적을 이룬 비결로 빈번한 '커피 브레이크'를 통한 활발한 의견 교환을 꼽았다."

몇 년 전 〈AP통신〉에 실린 기사다. 노벨 화학상 수상자인 토머스 스타이츠는 "휴식시간에 커피를 마시며 동료들과 연구에 관해 토론했던 것이 큰 도움이 됐다"라고 증언했다.

여기서 인사이트 포인트는 '휴식시간'과 '커피'다.

한 회사에서 강력한 금연 정책을 실시했다. 사옥 내에 있던 흡연실을 폐쇄한 것은 물론이고 사옥 반경 100미터 안에서도 흡연을 못 하도록 원천봉쇄했다. 그런데 얼마 후 엉뚱한 데서 전혀 생각지 못한 문제가 생겼다고 한다. 그동안 활발했던 부서 간 협력이 삐걱거리고, 부서 경계를 뛰어넘는 아이디어들이 자취를 감추었다는 것이다.

언론 기사 한 토막.

이들(김장수 청와대 국가안보실장, 남재준 국가정보원장, 류길재 통일부 장관)은 국무회의가 열리는 세종실이나 외교안보 관계장관회의가 열리는 서별관 별실에 모여 담배를 피우며 아이디어를 주고받는다고 한다. 류 장관은 "담배를 피우면서 얘기를 하다 보면 딱딱한 회의에서보다 소통이 잘될 때가 많다"며 "그래서 외교안보 부서 간 회의는 잘되고 있다"고 담배 예찬론을 편 적이 있다. 흡연실이 흡연파 장관끼리의 단합의 장이 된다는 얘기다.

분위기가 이렇게 돌아가자 최근엔 '금연파'인 김관진 국방장관까지 가세했다. 김 장관은 초급장교 시절부터 많은 담배를 피웠지만 별을 단 이후 거의 담배를 피우지 않았다. 가끔 분위기를 맞추는 차원에서 담배 연기를 입안에 모았다가 내뱉는 '뻐끔

담배'를 피우는 수준이었다. 그러나 현 정부 들어 담배 양이 늘
었다고 한다.

— 〈중앙일보〉, 2013. 6. 4.

인간이 지구에 나타난 것이 600만 년쯤 되었고, 공룡이
6500만 년 전에 나타났다고 한다. 그런데 악어의 기원은
약 3억 년 전이라고 한다. 이유가 무엇일까? 많은 생물학
자들이 연구를 했다. 악어에게는 다른 파충류와 달리 2심
방 2심실이 있어 산소 공급이 원활해 많은 에너지를 생산
한다, 간이 무거워 무게중심을 잘 잡는다, 커다란 폐를 부
력 조절 장치로 사용한다, 목구멍에 개폐막이 있어 익사할
위험이 없다……. 악어만의 독특한 신체 구조를 원인으로
분석했다.

그러나 정작 이유는 다른 데 있었다. 수백 킬로그램의 몸
무게에 5미터 길이의 악어가 물에 반쯤 떠 잠만 자는 듯하지
만, 사실은 틈나는 대로 영역을 순찰하며 물길을 막고 있는
나뭇가지와 부유물을 떠내려 보내며 물길 트기를 하기 때문

이라는 것이다. 물이 흐르지 않으면 물이 고이고, 고인 물은 썩게 마련이다. 그러면 먹잇감도 악어도 살 수가 없다. 악어는 새롭고 신선한 물이 계속 공급되도록 주변을 청소한다. 이 청소가 3억 년 생존의 비결이라는 것이다.

개인과 조직 또한 고이면 정체한다. 끊임없이 새로운 물, 새로운 자극이 필요하다. 노벨상 수상자들에게 휴식시간은 일종의 물길 트기를 위한 환경이다. 자신과 다른 영역, 다른 시각을 공급받을 수 있는 시간이다. 그리고 커피는 새로운 생각과 다른 생각을 열어주는 신선한 물인 셈이다.

5

무엇을
바꿔야
하는가

"삶은 단순하며, 단순한 것이 옳은 것이다."
아예 기획서를 덮어버리고
머릿속에 지표를 지워버린 경영자도 나타났다.
이들은 경영을 단순화하기로 했다.
그리고 이를 통해 목표를 보다 분명히 하겠다는 거다.

소비자 자신도 모르는
욕망을 건드려라

∞ ∞ ∞ ∞ ∞

인터넷 벤처 1세대 기업으로 한 시대를 풍미했던 아이러
브스쿨이 불과 몇 년 만에 주저앉았다. 1년 만에 500만 명을
회원으로 끌어 모았던 아이러브스쿨은 왜 오늘날의 페이스
북만큼 성장할 수 없었을까? 아이러브스쿨의 실패 요인은
무엇일까?

급속하게 늘어나는 회원 수를 감당할 자본의 뒷심이 부족
한 탓이었을까? 카이스트 박사과정이었던 창업자의 현장경
영 경험이 모자랐기 때문일까? 경영권 분쟁이 생겼고, 창업
자의 주장대로 사기를 당한 것일까? 아니면 관전자들의 평

대로 창업자의 사업가 자질이 부족했던 것일까?

10년 쯤 지난 뒤 아이러브스쿨 창업자가 어느 인터뷰에서 실패 요인을 이렇게 진단했다.

"아이러브스쿨의 인기 요인은 제가 처음 구상했던 '학연'에 대한 니즈가 아니었어요. 사람들은 '첫사랑' 때문에 아이러브스쿨에 들어왔죠."

단돈 150만 원으로 친구들과 아이러브스쿨을 창업할 때 그는 '한국 사회는 줄이야, 인맥이 중요하단 말이야'라고 외쳤을 것이다. 그래서 혈연, 지연과 함께 우리 사회 최고의 연줄인 학연을 연결해줄 사이트를 기획했다. 예상은 적중했다. 회원 수는 감당하기 힘들 만큼 하루가 다르게 폭증했다. 부족한 자본에 허둥대고, 야후의 500억 원 인수 제안을 거절하고, 국내 중소기업에 지분을 떠넘기는 경영상의 치명적 실수를 저지르는 동안에도 신기록을 갈아치워나갔다. 그러나 그것으로 끝이었다.

아이러브스쿨에 밀물처럼 몰려들었던 이용자들은 자신들

의 욕구와 조금씩 어긋난다는 것을 눈치 채기 시작했고, 이
를 시정하거나 보완하지도 않는 아이러브스쿨에 실망하면
서 하나둘 떠나갔다. 그리고 대안 사이트가 열리자 썰물처
럼 빠져나갔다. 대안이란 인맥을 관리하는 것이 아니라 추
억을 공유하는 커뮤니티였다.

창업자는 소비자의 숨은 욕망을 읽지 못해 실패했다고 말
했다. 아이러브스쿨 이용자들의 숨은 욕망은 인맥 관리가
아니라 추억 찾기였다. 오늘날 소비자들은 선뜻 자신의 숨
은 욕망을 잘 드러내지 않는다. 아니 뒤틀려 나타나기도 한
다. 그래서 경영학에서는 보이지 않고 드러나지 않고 심지
어 뒤틀려 드러나는 소비자의 욕망을 찾아내 비즈니스 모델
화하는 기업만이 살아남는다고 말한다.

그러나 현실은 더 냉혹하다. 소비자들은 자신의 욕망을
정확히 알지 못한다는 것이 더 현실적일지 모른다. 그래서
숨은 듯 보이고 뒤틀려 나타난다고 착각하는지 모른다. 한

발 더 나간다면 소비자들은 스스로 자신의 욕망을 알지 못할 뿐더러 어떠한 욕망도 갖고 있지 않다는 것이다.

스티브 잡스의 말에 귀 기울일 필요가 있다.

"많은 경우 사람들은 원하는 것을 보여주기 전까지는 무엇을 원하는지도 모른다."

소비자가 알지도 못하고 원하는지도 모르는 숨은 욕망을 현실화시켜주는 것이 애플의 성공 비결이라는 것이다.

일부러 낯설게 보기

∞ ∞ ∞ ∞ ∞

'부자데vujade'라는 말이 있다. 낯선 상황인데도 예전에 본 것 같은 느낌이 들 때가 종종 있는데 이를 데자뷰dejavu 현상이라고 한다. 부자데는 데자뷰의 철자를 거꾸로 쓴 것이다. 즉, 데자뷰와 반대되는 현상, 늘 접하는 익숙한 상황을 의도적으로 낯설게 바라보는 것이다.

왜? 왜 익숙한 상황을 부러 낯설게 보는데? 왜 그래야 하는데?

우리가 살고 있는 이 시대를 가장 잘 표현하는 한 단어는

'혼돈chaos'이 아닐까? 매일매일 새로운 것이 넘쳐난다. 새로운 것은 과거를 대체한다. 때로는 옳고 그름도 뒤바뀐다. 그 속도가 좇아가기 어려울 정도다. 몇 년 전 상하이에 있는 지도 제작사를 방문한 적이 있다. 그 회사 사람들에게서 지도를 6개월에 한 번씩 개정해도 맞지 않는다는 하소연을 들었다. 그만큼 도시의 변화가 빠르다는 말이다. 상하이만이 아니다. 자주 다녔던 길도 몇 달 뒤에 가면 낯설다. SNS에서 사용되는 언어는 분명 우리말인데도 뜻을 못 알아들을 때가 많다. 내가 아는 뜻, 개념과 전혀 다르게 통용되기도 한다. 개념화는 소통을 위한 약속인데 그 약속이 순간순간 무효화되기 일쑤다.

벌써 20년이 다 되어간다. 《익숙한 것과의 결별》이라는 책이 베스트셀러가 된 적이 있다. IMF라는 초유의 상황을 접한 사람들의 심리를 잘 헤아렸다. 이제는 어떤 돌발 상황에서가 아니라 일상적으로 우리는 익숙한 것과 결별을 해야 할지 모른다. 그리고 낯선 상황에 익숙해야 한다. 개념화는 사회의 약속이고, 그로 인해 개인은 심리적으로 안정감이 생긴다. 자동차는 오른쪽으로 달려야 한다. 그런데 영국에 가면 왼쪽으로 달린다. 그때 비로소 자신이 이방인임을 느낀다. 불안정해진다. 이처럼 개인의 심리적 펀더멘탈이 언제 금이 갈지 모르는 시대다. 이제 일상적으로 익숙한 것과 결별하고 낯선 것과 친숙해야 한다.

즉, 부자데를 통해 심리적 펀더멘탈을 강화해야 한다. 지금까지 익숙했던 모든 것들이 언제 어떻게 낯선 모습으로 우리 앞에 나타나더라도 심리적으로 불안해지지 않으려면 우리는 지금 우리 눈앞에 펼쳐지는 익숙한 것조차 낯선 시각으로 보는 연습을 해야 한다.

부자데를 통해 우리는 이런 애매모호함에 익숙해져야 한다. 아니 즐길 줄 알아야 한다. 우리는 그동안 개념화와 규정화에 너무 익숙했다. 또 사회는 지금까지 그렇게 요구했다. 그러나 이제 사회가 스스로 개념화와 규정화를 해체한다. '다르게'와 '가능성'의 가치가 극대화하고 있다. 애매모호함이 바로 그 근거가 되고 있다.

우리 눈앞에 보이는 모든 것들을 애매모호한 상태로 볼 수 있을 때 '다르게' 해석할 수 있고, 개념과 논리를 뛰어넘는 '가능성'의 세계가 열린다. 피카소가 "좋은 예술가는 모방하지만, 훌륭한 예술가는 훔친다"라고 한 말의 의미를 비로소 이해하게 된다. 우리가 굳이 부자데를 해야 하는 이유다.

남이 가지 않은 길

∞ ∞ ∞ ∞ ∞

1938년 어느 미국 고등학교 학생에 의해 이전까지 '인간의 한계'였던 벽이 깨진다. 수영 배영 100미터에서 그전까지 세계 최고 기록은 1분 8초였다. 누구도 1분의 벽을 깨지 못했다. 그래서 1분을 '인간의 한계'라고 불렀다. 그런데 이 벽을 열일곱 살 소년이 깼다. 아돌프 키에퍼다. 그의 비결은 무엇이었을까?

당시 배영 선수들은 턴을 할 때 손으로 벽을 짚고 몸을 돌려 발로 딛고 나오는 사이드턴 방식을 썼다. 그러다 보니 터치하느라 헤엄쳐온 속도가 떨어지고 동작 구조상 시간을 지체하는 결점이 있었다. 그런데 키에프는 벽에 도달하기 직전에 앞구르기 식으로 몸을 접어 기존 속도를 유지하면서 발로 벽을 박차는 플립턴 방식을 택했다. 지금은 배영은 물론 자유형에서도 모두 일명 퀵턴, 플립턴 방식을 쓰지만 당시로서는 아무도 생각 못한 '다른 길'이었다.

누구나 사이드턴의 문제점을 알고 있었을 것이다. 사이드턴을 쓰는 한 1분의 벽을 깰 수 없다는 것도 짐작했을 것이다. 그러나 사람들은 시간을 줄이기 위해 새로운 방식을 궁리하기보다는 속도를 더 높이는 노력만 되풀이했다. 그러다 '인간의 한계'라고 규정했을 것이다. 왜 '다른 길'을 생각하지 못했을까? 키에퍼의 플립턴 방식은 그냥 콜럼부스의 달걀인가?

산악 용어 중에 머메리즘mummerism이 있다. 영국의 괴짜 산악인 앨버트 프레더릭 머메리의 이름에서 따왔다. 당시만 해도 쉬운 루트를 이용해서든 정상에 오르기만 하면 된다는 생각이 지배적이었다. 그러나 머메리는 달랐다. 결과보다 과정을 중시했다. 남들이 가지 않은 길을 보다 어려운 방식으로 오르는 것이야말로 등반의 진정한 가치라는 것이다.

머메리 같은 괴짜가 '부러' 남이 가지 않은 '다른 길'을 도전했기에, 세상은 더욱 풍요로워지고 바뀌는 것이다.

항상 해오던 일을 하면
항상 얻던 것을 얻는다

∞ ∞ ∞ ∞ ∞

영국 경험론의 창시자 프랜시스 베이컨의 대표적 저서는 《노붐 오르가눔Novum Organum》이다. 아리스토텔레스의 논리학을 '오르가논Organon'이라 통칭하니까 '노붐 오르가눔'은 말 그대로 아리스토텔레스의 논리학에 대항한 새로운 논리학, 새로운 논리법이라는 뜻이다. 이 책에서 베이컨은 아리스토텔레스의 연역법에 대항한 귀납법을 제시했다.

베이컨이 이런 말을 했다.

"항상 해오던 일을 하면 항상 얻던 것을 얻는다."

세계적인 엘리베이터 제조회사 오티스가 초기에 겪은 일

이다. 지금이야 초고속 엘리베이터가 등장해 멀미가 날 정도로 빠르게 오르내리지만 초창기에는 기술력이 부족해 속도 문제가 엘리베이터의 가장 큰 걸림돌이었다. 오티스의 기술진 역시 자금과 시간을 총동원해 엘리베이터의 속도를 높이는 기술을 개발하는 데 전력했다.

그런데 정작 이 문제를 해결한 사람은 다름 아닌 엘리베이터 관리 여성 직원이었다. 그리고 그녀의 제안은 수년 동안 기술진이 해온 노력과는 전혀 다른 차원이었다. 즉, 엘리베이터 안에 거울을 달자는 것. 엘리베이터 안에 거울을 달자, 느리게 오르내리는 층수 번호판만 보며 불평하던 사람들이 거울에 비친 자신의 모습을 보고 화장을 고치거나 옷매무새를 다듬느라 엘리베이터가 느리다는 것을 전혀 느끼지 못했다.

오티스의 기술진은 그전까지 고객의 불만이 속도에 있다고 보고, 어떻게 하면 속도를 높일 것인가에 집중했다. 그러나 여성 관리자는 고객의 불만이 지루함에 있다고 보았다. 즉, 기존의 '상식의 틀'(프랜시스 베이컨은 이를 '우상'이라고

명명했다)에서 벗어나 모든 가능성을 열고 문제의 현상을 선
입관 없이 관찰한 것이다.

삶은 복잡하지 않다.
우리가 복잡할 뿐이다

∞ ∞ ∞ ∞ ∞

오컴의 면도날 법칙Ockham's Razor이 있다.

흔히 사고 절약의 원리Principle of Parsimony라고도 불린다. 14세기 프란체스코회 수사였던 윌리엄 오브 오컴William of Ockham의 이름에서 따왔다. 간단하게 설명하자면 어떤 현상을 설명할 때 불필요한 가정을 해서는 안 된다는 것이다. 복잡한 의견은 필요없다. 단순한 쪽이 진리라는 것이다. 예를 들어 특정 사실과 관련하여 두 가지 가설이 있다면 더 단순한 가설이 사실이라는(사실에 가깝다는) 원리다.

참, 단순명쾌한데 현실에 적용하기엔 좀 찜찜하다. 오컴이 왜 이러한 주장을 하게 되었는지 그 배경을 이해할 필요가 있다.

오컴의 주장은 '과연 보편자는 실재하는가'라는 보편논쟁에서 비롯된다. 즉, 소, 돼지, 닭 같은 개별자의 존재는 누구나 인정하지만 이를 아우르는 '동물'이라는 보편자는 실재하느냐는 것이다. 물론 실재하지 않는다. 그런데 고대와 중세 철학자들은 실재한다고 믿었다. 설마? 플라톤과 아리스토텔레스도 단서의 차이는 약간 있으나 실재한다고 똑같이 주장했다.

중세로 내려와 중세철학의 대부 격인 토마스 아퀴나스도 아리스토텔레스의 주장을 이어받아 실재론을 폈다. 그런데 아퀴나스의 주장이 복잡하다. 그는 보편자의 존재를 경우에 따라 세 가지로 나눠 실재한다고 주장했다. 거기에는 실제적으로는 실재하지 않는다는 유명론적 주장도 섞여 있다. 가정과 경우가 너무 꼬여 정말 실재한다는 말인지조차 헷갈리는 주장이다. 왜 그런 복잡한 가설을 깔고 실재론을 주장하지 않으면 안 될까? 거기에 종교와 교회라는 현실적 권력이 있기 때문이다.

이에 오컴은 보편자(동물)란 개별자(소, 돼지, 닭)가 존재하고, 이를 포괄하기 위해 임의적으로 만들어낸 것에 불과하다는 지극히 당연하면서 단순한 주장을 폈다. 그는 아퀴나스의 주장을 반박하며 복잡한 가설과 너무 많은 경우의 수를 전제로 한 주장은 사실과 동떨어진다며 예외 없이 그의 '면도칼'을 들이댔다. 여기서 '오컴의 면도날' 법칙이 탄생했다. 사실 교회 권력이 세속 권력을 지배하던 중세에 이런 '이성적인' 주장을 편다는 것은 목숨을 내놓지 않고는 불가능하다. 오컴 역시 교황의 미움을 사 투옥되었다가 탈옥하기도 했다. 움베르토 에코의《장미의 이름》에 나오는 프란체스코 수도사 윌리엄의 실제 모델이 바로 윌리엄 오브 오컴이다.

세상은 갈수록 복잡해지고 있다. 과거 일대일이었던 관계가 일 대 십, 일 대 백의 관계로 얽히고, 과거에는 어떤 현상을 설명하려면 단 하나의 전제만으로 충분했지만 수십 수백 가지 전제로도 설명할 수 없는 현상들이 생겨났다. 그래서 '세상에 정답이란 없다'라고 비명을 지르기까지 한다. 현대 판 소피스트, 궤변학자들이 창궐하여 세상의 판단을 더욱 어렵게 만든다. '단순＝무지'라는 신화를 만들며 복잡성을 반영한 애매모호함을 지적 권력으로 등극시켰다. 이에 반하여 오스카 와일드는 일갈했다. "삶은 복잡하지 않다. 우리가 복잡할 뿐이다. 삶은 단순하며, 단순한 것이 옳은 것이다." 이러한 배경에서 다시 '오컴의 면도날'이 빛을 발한다.

경영에서도 단순화가 화두로 떠올랐다. 이론을 위한 이론으로 현실 경영이 너무 무거워졌다. 현대판 경영 소피스트인 일부 컨설턴트들이 이를 더욱 부추겼다. 관리를 위한 관리지표, 계획을 위한 계획 모듈로 현실의 생산은 단 한 발자국도 앞으로 나아가지 못한다. 한계효용과 최적화를 너무 따지다 보니 총매출이 떨어지고, 소비자 만족과 규모의 경제를 지선至善으로 추구하다 보니 도리어 비용이 급증한다.

그래서 관리와 기획을 담당하는 기획실을 없애버린 기업도 나타났다. 아예 기획서를 덮어버리고 머릿속에 지표를 지워버린 경영자도 나타났다. 이들은 경영을 단순화하기로 했다. 단순화의 첫 걸음은 포기다. 그리고 이를 통해 목표를 보다 분명히 하겠다는 거다.

토마스 아퀴나스가 완벽함을 추구하기 위해 너무 많은 가정과 경우의 수를 동원하는 바람에 정작 진리로부터 멀어졌듯이, 현대의 복잡성에 대한 불안한 심리가 다시 '오컴의 면도날'을 부르고 있는지도 모른다.

더 빨리 뛰는 수밖에 없다

∞ ∞ ∞ ∞ ∞

붉은 여왕 효과, 레드퀸 효과Red Queen Effect란 말이 있다.

처음에는 진화론에서 시작된 가설이다. 시카고 대학교 진화학자인 벤 베일른이 주변 자연환경이나 경쟁자가 매우 빠른 속도로 변화하기 때문에 어떤 생물이 진화하더라도 환경의 속도를 따라잡지 못한다면 적자생존에 뒤처지거나 더 앞서 진화할 수 없다고 주장하면서 사용한 표현이다.

붉은 여왕이란 말은 루이스 캐롤이 쓴 소설《이상한 나라의 앨리스》의 속편《거울 나라의 앨리스》에서 따왔다. 주인공 앨리스가 거울 속으로 들어가 붉은 여왕과 함께 죽을 만큼 열심히 달리는 데도 제자리걸음이다. 그래서 "이렇게 열심히 뛰는데 왜 앞으로 나가지 않는 거죠?" 하고 묻자, 붉은 여왕이 "앞으로 나아가고 싶다면 지금보다 최소한 두 배 이상은 더 뛰어야 돼"라고 답하는 대목에서 차용됐다.

이 진화론의 용어가 경영학으로 옮겨왔다. 경영학의 기본 이론이 바로 경쟁을 통한 생존에 바탕이 있기 때문이다. 말 그대로 적자생존이다. 특히 오늘날처럼 빠르게 변화하는 경영환경에서 어떻게 살아남을 것인가를 고려할 때, 레드퀸 효과는 경영학에서도 의미 있는 가설이다.

빌 게이츠는 1999년에 쓴 《생각의 속도》에서 과거 50년보다 향후 10년 동안 더 많은 변화를 경험할 것이라고 예견한 바 있다. 그 후 10년이 조금 더 지난 지금 그의 예견은 어느 정도 맞아 떨어진다. 아니 그가 좀 낙관적이지 않았나 싶을 정도로 변화는 적어도 그의 상상을 뛰어넘었다. 변화가 빛의 속도로 이루어지고 있으니 말이다.

그러면 이런 변화에 누가 살아남을 수 있을까? 붉은 여왕은 환경의 변화보다 더 빠르게 스스로 변화해야 진화할 수 있다고 말한다.

경영학에서 환경 변화의 핵심은 바로 고객의 니즈다. 고객의 불만이 나온다면 그것은 환경 변화를 따라잡지 못해 도태되는 종이 되고, 고객의 니즈를 창출해낸다면 적자생존을 넘어 환경을 지배할 수 있다.

그 좋은 예가 있다. 얼마 전 롱텀에볼루션LTE 서비스에 이어 이보다 두 배 빠른 LTE-A 서비스가 출시되었다. 3G가 어제 같은데 와이파이WiFi를 지나 와이브로Wibro, LTE에 이어 LTE-A까지 무선인터넷 속도는 하루가 다르게 빨라지고 있다. 반면 유선인터넷은 2000년대 중반 100Mbps 광랜이 등장한 뒤 10여 년간 속도 변화가 정체되었다. 이유는 간단하다. 데스크톱 판매량은 급감한 반면 스마트폰과 태블릿 PC 등의 출고량은 매년 가파른 성장세를 이어가고 있기 때문이다. 이제 소비자들은 데스크톱이 아니라 스마트폰, 태블릿PC, 스마트PC 등 무선으로 인터넷과 게임, 동영상을 즐긴다.

시장이 이러니 누가 유선 통신망에 투자하겠는가? 더욱이 100Mbps 광랜을 이용하는 이용자들 대부분이 현재 속도에 만족한다. 그래서 기존 광랜 망을 철거하고 더 빠른 기가 인터넷망으로 대체하기란 쉽지 않다. 정부가 나선다고 될 일이 아니다.

수요가 있는 곳에 공급이 있다. 고객의 니즈가 있는 곳에 변화가 있다. 혁신은 변화를 뛰어넘는, 변화를 창출하려는 의지에서 시작한다. 그래서 혁신이 없으면 도태된다. 레드 퀸의 말이다.

6

무엇을
배워야
하는가

저는 감사할 줄 모르는 사람은
감사받을 자격이 없다고 생각합니다.
아주 작은 일에도 감사할 줄 알아야 합니다.
감사할 줄 아는 사람에게 감사할 일이 또 생깁니다.
그건, 확실해요.

고객이 원하면
고구마 세탁기도 만든다

∞ ∞ ∞ ∞ ∞

세계 백색가전 점유율 1위 업체는? 중국의 하이얼Haier이다. 그러나 하이얼의 성공은 하루아침에 이루어진 것이 아니다. 그리고 중국 내수만으로 손쉽게 이 자리에 오른 것이 아니다.

1984년 서른다섯 살이었던 공산당 간부 장루이민張瑞敏은 칭타오에 있는 냉장고 제조 공장장으로 발령받았다. 당시 국유기업 하이얼의 모습은 한마디로 기가 막혔다. 직원들은 때에 찌든 유니폼을 어깨에 걸치듯 입고 다녔고, 공장 어디서건 구석진 한편에서 대소변을 해결했다. 생산 라인에 있는 자재나 비품을 직원들이 거리낌 없이 훔쳐갔고 당연히 재고와 장부 관리는 뒷전이었다. 이런 하이얼을 오늘날 유럽 시장에서 LG를 밀쳐내고 베스트셀러 자리를 꿰차도록 만든 장본인이 바로 그 젊은 공산당 간부 장루이민이다.

장루이민은 1991년 하이얼 회장 자리에 오른 후 20년 넘게 하이얼 그룹을 이끌고 있다. 그는 오늘날 중국에서 가장 존경받는 경영인이자 '중국의 잭 웰치'로 불린다. 장루이민은 한 인터뷰에서 자신의 경영 철학을 이렇게 피력했다.

"마케팅은 물건을 파는 것이 아니라 사는 것입니다. 마케팅으로 사오는 것은 바로 고객의 의견입니다. 고객의 의견을 토대로 제품을 개선해서 고객에게 만족을 주고, 이를 바탕으로 마지막에는 브랜드에 대한 고객의 충성심까지 사오는 것입니다."

그 일화다.

장루이민이 맨 먼저 손을 댄 것은 당연히 품질이었다. 품질을 개선해 소비자들의 주목을 받기 시작한 90년대 중반의 일이다.

하이얼은 상대적으로 낙후한 중국 서북 지역에서 최저가 정책을 내세워 큰 인기를 얻고 있었다. 그런데 그렇게 6개월 정도 인기리에 판매되던 세탁기에 A/S 요청 건수가 다량으로 발생했다. A/S기사들을 쓰촨성四川省 현장에 급파했더니 전혀 예상하지 못한 상황이 기다리고 있었다. 문제는 세탁기 배수관이었다. 배수관에 고구마, 무, 배추 등 채소들이 꽉 찬 집이 한둘이 아니었다. 아니 세탁기 배수관에 왜 채소들이 끼어 있지? 사연인즉, 쓰촨성 농민들은 세탁기를 여름에는 당연 빨래하는 데 이용하다가 겨울이 되자 채소를 세척하는 데 썼기 때문이었다.

A/S기사들은 기가 막혔지만 배수관을 교체해주고, 다신 빨래가 아닌 고구마를 세척하는 데 사용하지 말라고 주의를 주었다. 그러나 이후에도 이런 요구는 그치지 않았다. 그리고 이런 상황은 비단 하이얼만이 아니라 서북 지역에 진출

해서 세탁기를 파는 거의 모든 회사들에 공통적으로 나타났다. 세탁기도 사용할 줄 모르는 이 시골 농부들의 에피소드는 업계에서 우스개처럼 오르내렸다.

그러나 하이얼은 달랐다. 가십으로 끝내지 않았다. 현장 보고를 받은 경영진은 이를 '고객의 의견'으로 받아들였다. 하이얼에서는 아예 고구마도 씻을 수 있는 세탁기를 만들기로 했다. 흙과 찌꺼기가 잘 빠지게 배수관 지름을 넓히고, 중간 걸림을 개선하고, 배수관 끝에 여과 장치를 따로 달아 물이 빠진 이물질을 간단히 처리할 수 있게 '제품을 개선' 했다. 1998년, 민원 발생 2년 만에 그야말로 고구마도 씻을 수 있는 '고구마 세탁기'가 탄생했다.

'고구마 세탁기'는 고객의 입소문을 타고 날개 돋친 듯 팔렸다. 하지만 하이얼은 더 소중한 성과를 얻었다. 쓰촨성 농민들은 자신들의 무지에서 비롯한 황당한 요구마저도 귀 기울여 듣고 제품으로 만들어준 하이얼을 자신들의 회사로 받아들였다. 그리고 이 사례를 들은 많은 소비자들이 하이얼의 혁신에 박수와 함께 신뢰를 보냈다. 바로 '고객의 충성심'을 얻은 것이다. 오늘날 중국에서는 하이얼은 국유기업이기에 앞서 인민기업으로 받아들인다. 중국 인민들은 '품질 좋은 제품을 값싸게 인민들에게 공급하면서 국가 브랜드까지 높이는 일등공신'이라고 하이얼을 추켜세운다. 바로 이것이 세계 1등 백색가전 업체로 등극한 하이얼의 비결이다.

감사할 줄 아는 사람에게
감사할 일이 또 생긴다

∞ ∞ ∞ ∞ ∞

매년 지역을 달리해서 전국 300여 명의 지역장 중 가장 판매 실적이 좋은 상위 30명을 뽑아 회사는 연수를 보냈다. 일종의 포상 성격의 연수였다. 여느 해처럼 30명을 선발해 미국 서부로 연수를 갔을 때 이야기다.

7박 8일 일정이 막바지에 이르렀을 때 일행을 실은 버스는 관광기념품 쇼핑센터로 향했다. 그때 일행 중 한 명이 자리에서 일어나 마이크를 들었다.

"여행 즐거우셨죠? 회사 덕분에 우리가 미국에도 다 와봅니다. 이제 여행 마지막 코스, 우리 아줌마들이 가장 좋아하는 쇼핑 시간이네요. 제가 우리 지역장님들께 제안을 드리고자 합니다. 물론 다 우리가 잘한 덕분에 여기 왔지만, 이렇게 우릴 미국까지 보내준 회사가 참 고맙네요. 그래서 말인데, 회사가 우리 가이드 노릇 잘하라고 같이 보내주신 본사 직원 두 분에게 귀국해서 가족들 선물이라도 드리라고 각자 20불씩 모아서 도와주면 어떨까 합니다."

모두들 동의의 뜻으로 박수를 치는데 뒤에 앉은 지역장 한 명이 말했다.

"말씀하신 대로 우리가 회사에 돈 많이 벌어줘서 뽑혀 온 거고, 두 분께 미안하지만 두 분도 회사 출장비 받아 오신 분인데, 굳이 돈을 걷을 필요가 있어요?"

그러자 옆자리에 앉은 분도 그분의 반대에 동의했다.

"회사가 우리에게 더 고마워해야지."

분위기가 술렁거렸다. 그러자 처음 제안한 지역장이 다시 일어나 정리를 했다.

"물론 반대하시는 분은 안 내셔도 됩니다. 개인 의사대로 합시다, 그럼."

그날 버스 안에 있었던 지역장 중 한 명이 훗날 지역본부장이 되었다. 그리고 직원 교육 중 그날의 이야기를 들려주며 이렇게 결론을 내렸다.

"그날 돈을 걷자는 데 반대했던 두 분은 그 후 다시는 연수 대상자에 뽑히지를 못했어요. 왜 그랬을까요? 저는 감사할 줄 모르는 사람은 감사받을 자격이 없다고 생각합니다. 아주 작은 일에도 감사할 줄 알아야 합니다. 감사할 줄 아는 사람에게 감사할 일이 또 생깁니다. 그건, 확실해요."

표준의 힘

∞ ∞ ∞ ∞ ∞

"3등 기업은 제품을 팔고, 2등 기업은 서비스를 팔고, 1등 기업은 표준을 판다."

이 말을 들으면 애플과 아이폰, 생태계와 연상되면서 괜히 씁쓰레해진다.

표준에 관한 전설 같은 이야기 하나. 우주왕복선의 로켓 추진기는 말 두 마리의 엉덩이 합친 폭을 기준으로 설계되었다는 전설이다. 그리고 보니 인도에서는 인공위성을 소달구지로 옮긴다는 전설(?)도 들은 적이 있기는 하다.

전설의 뿌리를 추적해보자. 우주왕복선의 로켓추진기는 기차를 이용해 미국항공우주국NASA 발사대까지 이동시키기 때문에 그 지름은 기차선로 폭에 맞춰 설계할 수밖에 없다. 터널을 통과해야 하기 때문이다. 그러면 기차선로 폭은 어떻게 정해진 걸까? 알다시피 기차선로를 최초로 깐 건 19세기 초 영국이다. 영국은 석탄을 운반하기 위해 당시 발명된 증기 열차를 이용했다. 원래 있던 마차선로에 석탄 운반용 선로를 깔아 증기열차를 운행했다. 그러니까 지금의 기차선로는 마차 선로 폭에 맞춰 깐 것이다. 그럼 마차 선로 폭은 어떻게 정해졌을까? 지금부터 2000년 전 유럽을 정복한 로마군이 유럽에서 '로마로 통하는 길'을 만들기 위해 도로를 만들었고 그때 로마군 전차 폭에 맞춰 마차선로를 설치했다. 그러면 다시. 로마군의 전차 폭은 어떻게 정해졌을까? 로마군의 마차를 끌던 두 마리 말이 나란히 달릴 수 있는 폭, 두 마리 말의 엉덩이를 합친 폭, 약 150센티미터에 맞추어졌다. 정리를 하자. 로마시대에 말 두 마리 엉덩이 폭을 기준으로 로마군 전차의 폭이 정해졌다. 전차의 폭은 마

차 선로의 폭이 되었다. 마차 선로에 증기 열차를 운행하면
서 기차선로 폭이 결정되었다. 그리고 그것이 우주왕복선의
로켓추진기 설계의 표준이 된 것이다.

개인용 컴퓨터PC 시대에 마이크로소프트가 군림한 것도,
모바일로 시장이 이동하면서 운영 체계를 놓고 iOS와 안드
로이드가 피 터지게 싸운 것도, 구글과 애플의 '거친 행동'
과 삼성의 '불안한 눈빛'과 그걸 '지켜볼 수밖에 없는' 우
리의 처지도 표준 때문이다.

표준이 되려면 최초여야 한다. 당연한 이야기다. 표준이
되려면 '무모한' 도전이 있어야 한다. 아무리 '패스트 세컨
드fast second'가 비즈니스에 유리하대도 표준이 가져다주는
부에 비길 바가 아니다. 최초로 시도했대도 일정한 시장지
배력을 확보하지 못하면 표준이 될 수 없다. 그래서 글로벌
기획이 필요하다. 하지만 급변하는 시장에서 한번 표준이
영원한 표준을 보장하지 않는다. 끊임없는 혁신을 해야 하

는 이유다. 스스로 쌓은 성을 엎어버리기가 어렵다지만 지
속적인 혁신이 없다면, 그 성은 모래성이 되기 쉽다.

내가 죽거든
내 손만은 관 밖으로 꺼내주시오

∞ ∞ ∞ ∞ ∞

그리스에서 출발하여 유럽, 아프리카, 아시아를 정복해 대제국을 건설한 마케도니아의 알렉산더 대왕, 알렉산드로스 3세. 그는 확실히 리더였다. 오죽하면 뭐든 생기면 친구들에게 나눠주는 아들에게 어머니(올림피아)가 "친구 챙기는 것도 좋지만, 그러다가 왕을 따르는 자들이 없어질까 두렵구나"라고 충고한다. 선물을 받은 친구들조차 걱정되어 "폐하의 것으로 무엇을 남겼습니까?"라고 묻자 알렉산더가 답한다. "희망."

잘 알려진 일화. 사막을 행군할 때다. 병사들이 모두 갈

증에 허덕일 때, 신하가 물을 구해와 대왕에게 바친다. 대왕 역시 몹시 목이 말랐을 테다. 그러나 그는 그 물을 사막에 쏟아 버리며 말한다. "내가 혼자 이 물을 마시면 병사들이 더 갈증을 느낄 것이다."

또 다른 일화. 대왕은 자신의 애인 캄파스페가 더 늙기 전에 그녀의 젊고 아름다운 모습을 남기기 위해 궁중 화가 아펠레스에게 캄파스페의 나신을 그리도록 한다. 그런데 그 둘이 눈이 맞아 관계를 맺고 불행하게도 그 모습을 대왕이 직접 목격한다. 왕의 애인을 가로챈 화공, 그런 화공과 놀아난 왕의 여인, 그들에게 대왕이 한 말. "그래, 아름다움을 감상하는 데는 나보다 예술가인 그대가 더 낫겠지." 그리고 자리를 피한다. 이 정도면 대인배 감이다.

대왕의 최대 정적이었던 페르시아의 다리우스 3세와 결전할 때다. 마침 대왕은 심한 폐렴에 걸려 사경을 헤맨다. 그러나 누구도 나서서 치료할 상황이 아니다. 대왕의 병세가 위중해 잘못 나섰다간 죽음의 책임을 뒤집어쓸 수 있기 때문이다. 더욱이 다리우스 3세는 누구든 대왕을 죽이겠다는 사람에게 정예군 1000명을 내주었다. 그러니 다리우스로부터 뇌물을 받았다는 오해를 받기 딱 좋은 상황이다. 실제로 독살의 위험은 곳곳에 도사리고 있다.

이때 대왕의 친구인 필리포스가 나선다. 필리포스가 약탕을 끓이려고 나간 사이 대왕에게 '필리포스는 다리우스에 매수된 자'라는 편지가 전해진다. 대왕은 필리포스가 가져온 약탕을 받고 그에게 그 편지를 건넨다. 편지 내용을 확인한 필리포스는 얼굴이 하얗게 질린다. 그러나 그때 대왕은 약탕을 깨끗이 비워 마신다. 그 후 대왕은 완쾌해 자리에서 일어나 페르시아를 정복한다. 대왕은 친구에 대한 무한한 믿음을 위해 이제 죽음까지 내건다.

대왕은 서른세 살에 전쟁터에서 숨을 거둔다. 젊은 나이에 왕위에 올라 13년 동안 원정만 다녔고, 거기서 얻은 모든 전리품들은 부하들에게 다 나눠주고, 정복한 지역의 주민들과 문화를 통합하여 후에 헬레니즘 문화라는 새로운 융합 문화를 창조해낸다.

대왕의 유언.

"내가 죽거든 내 손만은 관 밖으로 꺼내주시오. 천하를 손에 쥐었던 자도 죽을 때는 결국 빈손으로 간다는 것을 사람들에게 알려주고자 함이오."

왕자 시절 그의 스승은 아리스토텔레스다.

용서 또한 신뢰의 다른 표현이고, 인간의 불완전성에 대한 자기 성찰에서 가능한 위대함이 아닐까?

모차르트에 대한 오해

∞ ∞ ∞ ∞ ∞

영화 〈아마데우스〉.

보통 사람 살리에르는 천재 모차르트를 보면 기가 막힌다. 자신은 '음악으로 신의 영광을 노래하기 위해 이 한 목숨 바치겠다'라고 맹세까지 했다. 누구보다 음악을 사랑했고 누구보다 열정적으로 노력했다. 그러나 정작 신은 방탕한 모차르트를 편애한다. 놀 것 다 놀고 허구한 날 파티에서 여자를 꾀어 분탕질하느라 밤을 지새운다. 그러나 어떤 음악이든 한 번만 들으면 금세 연주를 해내고, 시도 때도 없이 피아노 앞에 앉기만 하면 천상의 음악이 만들어진다.

그러나 〈아마데우스〉는 모차르트를 위해 살리에르를 각색한 만큼 모차르트를 왜곡했다. 그는 결코 악상이 떠오르면 저절로 머릿속으로 작곡을 끝내고 단번에 오선지 위에 악보를 그려내는 '천재'가 아니었다. 함부로 남의 작품에 대해 폄훼하는 '악동'도 아니었다. "사람들은 내가 쉽게 작곡한다고 생각하는데, 그건 착각이다. 나만큼 많은 시간과 생각을 작곡에 투자한 사람도 없을 것이다. 유명 작곡가들 중에서 내가 여러 번 반복해서 공부하지 않은 사람은 단 한 명도 없다." 실제로 모차르트는 유명 작곡가의 작품을 100번 넘게 연주했다. 아는 사람은 안다. 피아노를 전문적으로 반백년 쳐야 손가락이 휜다. 그러나 모차르트는 스물여덟 살에 손가락이 휘었다. 얼마나 피아노를 많이 쳤는지 알 수 있다.

누군가 〈아마데우스〉에서 모차르트와 살리에르의 관계를 김연아와 아사다 마오와 비교했다. 그 역시 잘못된 비교다. 김연아는 1년 중 300일을 빙판에서 점프 연습을 한다. 그리고 하루에 평균 여섯 번씩 1년에 1800번 엉덩방아를 찧는 고통을 이겨낸다.

천재는 있다. 그러나 노력하지 않는 천재는 없다.

'최선을 다했다'라고 쉽게 말한다. 그래서 뜻한 바가 이루어지지 않으면 〈아마데우스〉의 살리에르처럼 '천재'를 탓한다. 그러나 정작 '천재'는 보통 사람보다 더 지독할 만큼 노력했기에 '천재'가 된다. 피카소는 창녀의 표정을 연구하기 위해 감옥까지 찾아 들어갔다. 추사 김정희는 칠십 평생 글씨 쓰느라 벼루 열 개에 구멍을 냈고 붓 천 자루를 망가뜨렸다. 그들은 그렇게 '천재'가 되었다.

개인과 '집단 속의 개인'은 다르다

∞ ∞ ∞ ∞ ∞

리더십이란 결국 '내가 아닌 집단 내 다른 사람을 내가 원하는 방향으로 움직이게 하는 힘, 권위'다. 문제는 '어떻게'다. 그 방법을 연구할 때 집단 속에서 개인의 행동 성향은 중요한 요소다. 즉 독립 개체로서의 개인과 집단 구성원으로서의 개인이 어떻게 다른 태도와 행동을 보이는가 하는 문제다. 몇 가지 의미 있는 실험과 주장이 있다.

완전히 어두운 공간 속에 참가자들을 한 명씩 넣어서 정지 상태인 작은 불빛을 보여주고 광점의 움직임 범위를 그리게 한다(사실 시각적 착시로 인해 정지해 있는 광점은 움직이는 것처럼 보인다. 이를 자동운동효과라고 한다.) 그 후 참가자들을 한자리에 모아 광점이 움직인 범위를 집단적으로 기술하게 한다. 마지막으로 다시 각자 광점의 움직임 범위를 기술하게 한다. 그러면 처음에는 사람들마다 다양하게 그려냈던 광점의 범위가 마지막에는 거의 비슷한 범위로 좁혀진다. 집단 토론 과정에서 의식적, 혹은 무의식적으로 집단 의견이 생겨 이것이 개인의 판단에 영향을 미쳤기 때문이다. 이것이 셰리프의 자동운동 실험이다.

개인의 생각이나 행동은 외부의 어떤 압력이 없더라도 다른 사람의 행동에 영향을 받아 이에 동조한다는 것이다.

이에 대해 비판이 나왔다. 애초에 광점은 움직이지 않는데 광점 범위를 그리라는 것은 정답이 없는 질문이기 때문에 집단의 의견이 개인에게 영향을 미쳤다기보다 모호한 상황 때문에 발생했다는 것이다.

그래서 새로운 실험이 실시되었다. 이번에는 아주 노골적이다. A카드에 일정한 길이의 선이 그려져 있고, B카드에는 세 개의 선이 그려져 있는데 2번 선이 A카드 선과 길이가 같고 1번과 3번은 2번 선보다 길거나 짧다. 그 후 일곱 명의 실험자가 모인 자리에서 각각 A카드에 그려진 선과 길이가 같은 선이 B카드의 몇 번이냐고 질문을 한다. 누가 봐도 100퍼센트 2번 선이라고 답해야 한다. 그런데 일곱 명 중 여섯 명을 실험도우미로 투입해 오답을 말하도록 조작했다. 그랬더니 놀랍게도 진짜 실험대상자인 나머지 한 명의 정답률이 63퍼센트로 떨어졌다. 이것이 솔로몬 애시의 선분 실험이다.

이 실험은 집단의 의견이 개인의 판단을 좌지우지한다는 것을 세리프의 자동운동 실험보다 더 극명히 보여준다. 너무나 뻔한 정답도 집단의 힘에 의해 왜곡될 수 있다는 것이다. 그나마 다행인 것은 여섯 명의 도우미 중 한 명이 다른 답을 말하면 오답률이 25퍼센트 줄어든다는 사실이다.

애시의 실험은 인간의 이성적 판단에 대해 적신호를 보냈다. 더욱 충격적인 실험이 이어졌다. 실험대상자들을 교사로 임명하고 학생들이 문제를 틀릴 때마다 전기 충격을 가

하라고 실험했다. 물론 칸막이 건너편 학생들은 실험도우미들이었다. 학생이 문제를 계속 틀리자 통제관은 실험대상자들에게 전압을 높이라고 요구했다. 그리고 실험도우미들은 그때마다 고통스런 목소리를 더 높이며 연기했다.

실험 결과 실험대상자 대부분은 몇 번 반복 후 포기 의사를 밝혔다. 그러자 실험 통제관은 '결과에 대해 내가 책임지겠다'라며 강도를 최고치까지 올리라고 재차 요구했다. 그랬더니 실험대상자 중 65퍼센트가 최고치의 전기 충격을 가한 것으로 나타났다. 실험 후에 '어떻게 그럴 수 있었느냐?'라고 질문하자 돌아온 대답은 이랬다. '단지 시켜서 했을 뿐이다.'

이 실험은 1961년 예일대 사회심리학 스탠리 밀그램 교수의 권위에 대한 복종 실험이다. 실험 결과가 얼마나 충격적이고 당시 사회 가치로서 받아들이기 힘들었는지 실험의 비윤리성을 이유로 밀그램은 정신분석학회로부터 1년 동안 자격을 정지당했다. 그러나 이 실험을 통해 개인이 집단 속에서 절대 권력에 얼마나 종속적인지가 드러났다. 그리고 집

단 상황에서는 개인의 판단에 대한 책임이 분산되는 효과가
발생한다는 사실도 보여주었다.

집단 상황에서 개인의 책임 분산 현상을 최초로 발견한
사람은 막스 링겔만이다. 그는 줄다리기를 일대일로 할 때
한 명이 낼 수 있는 힘을 100이라 한다면 두 명, 세 명, 수가
늘어날 때마다 집단의 힘의 크기도 200, 300으로 늘어날 것
으로 기대했다. 그러나 실험 결과, 두 명이 할 때 개인의 힘
의 크기는 93으로 떨어지고, 세 명일 때는 85, 여덟 명이 함
께하면 한 개인의 힘의 크기는 겨우 49에 불과했다.

즉, 집단 상황에서 개인의 공헌도가 분명히 드러나지 않
거나 결과에 대한 책임이 불분명할 경우 개인의 책임에 대
한 태만 현상이 발생한다는 것이다. 이것이 바로 실험자의
이름을 딴 링겔만 효과다.

이와 비슷한 심리현상으로 방관자 효과가 있다. 1964년
미국 뉴욕 퀸스 지역 주택가에서 키티 제노비스가 살해당했

다. 강도가 35분 동안 세 차례에 걸쳐 제노비스를 칼로 찔렀
다. 그녀는 도망치며 소리를 질러 도움을 요청했다. 당시 서
른여덟 명이 집 창문으로 사건 현장을 목격했다. 그러나 아
무도 그녀를 도와주거나 경찰에 신고하지 않았다. 이를 피
해자의 이름을 따서 제노비스 신드롬이라고 한다.

이후 방관자 효과에 대한 여러 가지 실험이 진행되었다.
그 결과 위험한 상황을 목격하는 사람이 많을수록 도움을 줄
가능성은 적어진다는 결과가 나왔다. 한 여학생이 위험에 처
했다. 목격자가 한 명일 때는 바로 도움을 줬는데, 두 명일
때는 서로 눈치를 보다가 한 템포 늦게 도움을 줬고, 여섯 명
일 때는 모두가 다 얼른 눈길을 다른 곳으로 돌렸다.

제노비스 살인사건에서 서른여덟 명이나 목격을 하고 어
떻게 아무도 도움을 주지 못했을까 의문을 가질 수도 있지
만, 실험 결과 그 수가 늘어날 경우 도리어 책임감이 분산되
어 방관할 가능성이 더 커진다. 그래서 많은 나라에서는 착
한 사마리아인 법을 제정했다. 강도를 당해 길에 쓰러진 유
대인을 보고, 당시 상류층인 제사장과 레위인은 모두 지나쳤

지만 유대인에게 멸시당했던 사마리아인이 구해줬다는 〈신약성서〉 이야기에서 따왔다. 착한 사마리아인 법은 성서에서 이야기 속 제사장과 레위인처럼 위험에 처한 사람을 알고도 도움을 주지 않으면 구조거부죄로 처벌한다는 법이다.

개인과 집단 속의 개인은 다른 사람이다. 리더는 때로는 개인을, 때로는 집단 속의 개인을 다룬다.

때로는 처녀처럼
때로는 달아나는 토끼처럼

∞ ∞ ∞ ∞ ∞

'일단 저질러봐'와 '돌다리도 두들겨 보고 건넌다.'

하루는 자로가 공자에게 묻는다. "만약 선생께서 군의 총
사령관으로 임명되신다면 어떤 인물을 중용하시겠습니까?"
공자의 인사관을 알고 싶은 것이다. 공자는 자로를 가만 바
라본다. 그리고 한 말이 바로,

'포호빙하 사이무회자 오불여야暴虎馮河 死而無悔者 吾不與也.'

맨손으로 범과 싸우고, 걸어서 황하를 건너다 죽어도 후
회하지 않을 자와는 더불어 하지 않겠다. 《논어》에 나오는
말이다.

공자는 항상 그렇듯 상황에 따라 질문자에 따라 적절하게 대답한다. 자로는 공자가 아끼는 제자였지만 다소 혈기 왕성하여 때로 경솔한 행동을 보이기에 이런 답을 주었을 것이다.

노자도 지지知止, 멈출 줄 아는 지혜를 강조했다. 심지어 똑같은 용기라도 무턱대고 나서는 용기는 사람을 죽이고, 한 발 뒤로 물러설 줄 아는 용기가 사람을 살린다고 했다.

그러나 신중함이 지나치면 일을 그르친다. 결단의 시점에 머뭇거리고 주저한다면 리더 자격이 없다. 《오자》에서는 "전쟁에서 가장 큰 폐해는 결정을 미루는데서 비롯되고, 군을 이끄는데 가장 큰 재앙은 의심에서 비롯된다"라고 했다. 아는 게 병이다. 그래서 《맹자》에서는 "아무리 지혜가 뛰어난 자라 하더라도 시운을 타는 자만 못하다"라고 했다. 때가 왔는데도 이리저리 돌다리를 두들기다 때를 놓쳐서는 안 된다는 말이다. 그때야말로 일단 저질러야 한다. 사실 '지혜가 있는 자의 가장 큰 병폐는 너무 세세한 것까지 따지며 완벽을 기하려는 것(所惡於智者 爲其鑿也, 소악어지자 위기착야, 《맹자》)'이다.

심즉려 천즉게深則厲 淺則揭.

물이 깊으면 옷을 벗고, 얕으면 바지를 걷어 올린다. 《시경》에 나오는 말이다. 강을 건널 때의 마음가짐을 노래한 것이다.

강물이 깊은데 바지만 살짝 걷고 건너려다간 옷을 다 적신다. 얕은 강물을 건너려 발가벗는 사람은 어리석다.

때로는 몸을 던져야 한다. 그리고 때로는 때를 기다려야 한다.

손자의 말처럼 "때로는 처녀처럼, 때로는 달아나는 토끼처럼" 행동해야 한다.

7

어떻게
변하고
있는가

결국 우리가 미래를 예측하고
미리 사업 전략을 짠다는 것이 무의미한 일일지 모른다.
오늘날 경영학에서는
'문제는 전략이 아니라 철학'이라는 말이 그래서 나온다.
'유연성'의 문제라는 것이다.

속도의 가치는 방향이다

∞ ∞ ∞ ∞ ∞

빌 게이츠는 '21세기는 속도의 시대가 될 것'이라고 예언했다. 그의 예언대로 속도는 이 시대 화두다. 디지털 시대를 대표하는 단어인 '변화'는 바로 속도를 의미한다. IT업계에는 이미 '원 위크 원 포인트1 week 1 point' 법칙이 통용된다. 한 주 늦으면 가격이 1퍼센트 떨어진다.

그러나 최근에 와서 단순히 속도가 아니라 그 방향에 관심을 가지기 시작했다. 빨리 가는 것이 중요한 것이 아니다. 어디로 가느냐가 더 중요하다. 방향이 잘못되면 그 속도만큼 되돌아와야 할 거리가 더 길어진다. 그래서 조금 늦게 출발하더라도 잠시 멈추어 서서 어디로 갈지를 생각해야 한다. 돌아가는 것이 빠른 길이다. 우직지계迂直之計, 《손자병법》에 나오는 말이다.

최인호의 소설 《상도》에 나온다. 주인공 임상옥은 억울하게 죽은 아버지의 원한을 풀어드리려고 '돈을 벌어야 한다'라는 일념에 사로잡힌다. 그때 스승인 홍득주가 임상옥에게 장사란 무엇인가를 말한다. "장사란 돈을 벌기 위한 것이 아니라, 사람을 얻기 위한 것이다. 장사란 돈을 남기기 위한 것이 아니라, 사람을 남기기 위한 것이다."

'경영의 목적은 돈을 버는 데 있다. 경영의 기술은 얼마나 많은 돈을 얼마나 빨리 버느냐에 달려 있다'가 아니라는 말이다. 적어도 결과로 얻을 수는 있으되 지향할 바는 아니라는 말이다. 결국 사람 중심의 경영을 추구해야 한다는 것이다. 사람 중심의 경영이란 사람의 가치를 높이는 경영이라는 뜻이다. 고객의 가치를 높이는 경영.

사실 시장 후발주자에게 더 필요한 것이 바로 사람 중심의 가치경영이다. 후발주자는 선발주자와 차별화된 고객 가치를 제공하지 않으면 시장 진입도 시장 탈환도 불가능하다. 고객에게 선발주자보다 더 큰 가치를 제공하기 위해서는 단기적인 기업 가치 극대화를 잠시 접어둘 수 있어야 한다. 그것이 쉽지 않다.

또 기업 환경이 어려워지면 기업들은 단기적인 이익 보전이라는 유혹에 빠진다. 그로 인해 고객의 희생을 요구하게 되어 고객의 가치는 떨어지고 고객의 불만은 늘어난다. 결국 기업 가치도 떨어진다. 악순환이다.

21세기에 속도 못지않게 중요시해야 할 가치는 방향이다. 어디로 달려갈 것인가? 우직지계를 되새기면서.

여섯 단계에서 단 한 번의 클릭으로

∞ ∞ ∞ ∞ ∞

1967년 하버드 대학교 심리학 교수 스탠리 밀그램은 미국 전역에서 무작위로 뽑은 160명에게 소포를 보냈다. 소포에는 어느 증권사 중개인의 이름을 적어놓고 그에게 가장 빨리 전달할 수 있을 것 같은 지인에게 그 소포를 보내달라는 쪽지를 동봉했다. 최종적으로 중개인에게 도착한 소포들이 몇 명의 사람을 거쳐서 전달되었는지를 알아보니, 놀랍게도 대부분 여섯 단계를 거쳤다는 결과가 나왔다. 이 실험을 통해 스탠리 밀그램 교수는 여섯 단계만 거치면 임의의 어느 누구도 연결될 수 있다는 사실을 밝혀냈다. 이것이 바로 '여섯 다리의 법칙Six Degrees of Separation'이다.

1994년 크레이크 패스 등 젊은이 세 명이 당시 인기 토크 쇼였던 〈존 스튜어트 쇼〉에 편지를 보냈다. "우리 세 명이 케빈 베이컨(우리나라에서 똑같은 실험을 했을 때는 양택조를 대상으로 했다)이 신이라는 것을 증명해 보이겠다." 그들은 방청객들이 어느 영화배우 이름을 대건 그를 케빈 베이컨과 여섯 단계 내에 연결시키겠다고 했다. 실제로는 연결된 사람 수(베이컨 넘버)가 6을 넘지 않았다. 이를 지켜본 사람들은 매료되었고, 이는 나중에 '케빈 베이컨 게임'이라는 이름으로 유행하기까지 했다. 2002년 미국 노트르담 대학교 앨버트 라즐로 바라바시 교수는 이 사례를 응용해 세상 사람들은 모두 불과 여섯 단계 만에 서로 이어진다는 '관계의 6단계 법칙'을 저서 《링크》에서 이론화했다.

우리나라에서도 2003년에 비슷한 연구가 이루어졌다. 연세대 사회발전연구소는 임의로 특정 인물을 설정하고 전국 5대 도시에서 무작위로 뽑은 108명이 몇 단계 만에 그 특정 인물과 연결되는지 실험했다. 결과는 평균 4.6명이었다. 네

댓 명만 거치면 대한민국 누구와도 연결된다는 말이다. 당시 실험 결과를 소개한 언론에서는 우리 사회가 얼마나 인간관계가 밀착되어 있는지를 보여준다고 보도했다.

그러나 그로부터 몇 년 지나지 않은 2010년 미치 조엘은 저서 《식스 픽셀》에서 "세상은 더 이상 '여섯 다리의 법칙'에 지배받지 않는다"라고 선언했다. 더 이상 여섯 단계를 거치지 않고도 바로 누구와도 알 수 있는 세상이 되었다는 것이다. 오늘날 인간관계는 여섯 단계(degrees)가 필요한 것이 아니라, 단 한 번의 클릭(6 pixels)으로 누구와도 맺어질 수 있게 되었기 때문이다. 그리고 그렇게 만들어진 인간관계, 온라인 커뮤니티의 인간관계에서도 실제 커뮤니티와 동일한 강한 유대감을 느낀다고 답한 사람이 43퍼센트에 이른다.

IT 시대에 걸맞게 네트워크 채널이 풍부해지면서 지구촌은 이제 지구가족화되고 있다. 그 안에서 새로운 인간관계가 형성되고, 새로운 비즈니스가 만들어진다. 놀라운 사실은 실

제 커뮤니티보다 더욱 '인간적'인 태도, 기본을 요구한다는
것이다.

집단지성이 늘 정답은 아니다

∞ ∞ ∞ ∞ ∞

위키피디아와 함께 집단지성은 구세주가 되었다. 2001년 1월 15일 지미 웨일스는 위키피디아를 오픈했다. 지미 웨일스는 우리 모두가 집필자이며 편집자이고 동시에 이용자가 되는 개방형 온라인 백과사전을 추구했다. 30개 단어에서 출발한 위키피디아는 한국어를 포함한 200여 개 언어로 구현되는 세계 최대 백과사전이 되었다. 위키피디아는 집단지성의 기적을 입증한 것이다.

'집단은 어느 개체보다도 뛰어나다'라는 주장이 나왔고 '조건만 주어지면 집단지성은 자연 발현한다'라는 간증까지 등장하기에 이르렀다. 학문의 세계에서 점차 정치, 경제

등 사회 일반으로 영역이 확장되었다. 2011년 튀니지의 자스민 혁명으로 시작하여 이집트의 코사리 혁명, 42년간의 카다피 독재를 무너뜨린 리비아로 이어진 아랍의 봄은 한때 집단지성의 승리로 칭송받았다. 마침내 집단지성이 민주주의를 부활시킬 것이라는 성급한 예언도 나왔다. 대중(집단)을 소외시킨 엘리트(개인) 정치로 질식되어 가던 민주주의를 구원할 것이라는 전망이었다.

집단지성에 회의가 들기 시작한 것은 집단지성의 위대함을 대변하던 노키아가 몰락하면서부터였다. 노키아 신화를 이끈 요르마 울릴라 회장은 취임하면서부터 집단의 지성을 조직하려고 노력했다. 개인적 접촉은 물론이고 회사 식당에서 격의 없는 대화를 즐겼으며, 현장과 사무직의 벽을 없애기 위해 심지어 공장 한가운데 벽 없는 사무실을 만들기도 했다. 또한 직급체계도 단순화하고 조직을 실제로 수평화하여 직원들끼리 집단 토론이 가능하도록 하였다. 이로써 취임 후 10년 만에 매출을 10배, 순이익을 34배 성장시키는 기염을 토했고, 마침내 모토로라를 제치고 세계 1위의 휴대폰 제조업체로 성장했다. 2007년 노키아는 세계 휴대폰 시장 점유율이 50퍼센트에 이르며 집단지성체의 위업을 과시했다.

거기서 몰락이 시작되었다. 요르마 올릴라는 말했다. "혁신과 창의성은 개개인에게서 나오는 것이 아닙니다. 사람들 간의 적절한 상호작용에서 나옵니다." 확신은 몰락의 전주곡이다. 노키아의 집단지성은 너무 나갔다. 오마에 겐이치는 저서 《지식의 쇠퇴》에서 집단지성의 위험을 경고했다. "지금의 일본처럼 지식이 쇠퇴하고 사고 과정이 마비된 사회에서 집단지성이 발현된다면 집단 IQ 저하 현상으로 이어질 수 있다." 뒤이어 많은 석학들이 집단지성에 회의감을 표했다. "집단지성이 늘 옳다는 믿음은 재고되어야 한다." 대중의 감성에 휘둘리지 않는 개인의 냉정한 판단과 진실 추구에 대한 개인의 집요한 고집 등이 배제된 집단지성은 '집단 저능'으로 갈 수 있다는 경고였다.

노키아를 무너뜨린 두 경쟁사는 바로 애플과 삼성이다. 이 두 기업의 공통점은 집단지성과 반대편에 선 기업문화다. 애플의 6만여 직원들의 두뇌는 오직 스티브 잡스 개인과 일대일로만 작동한다. 삼성도 다르지 않다. "똑똑한 한 명이 만 명(또는 10만 명)을 먹여 살린다"라는 인재관을 갖고 있다. 그런 애플과 삼성이 거대한 하나의 집단지성체인 노키아를 해체했다. 노키아의 집단지성은 실패했다. 대중(집단)이 더 빠른 마차를 만들어달라고 할 때 포드(개인)는 자동차를 만들었다. 노키아는 애플이 아이폰을 들고 나왔을 때 '조크'라고 무시했다. 그리고 계속해서 '더 빠른 마차'를 고집했다.

문제는 전략이 아니라 철학

∞ ∞ ∞ ∞ ∞

'구글에서 하루에 검색하는 것 중 약 20퍼센트가 그동안 단 한 번도 검색된 적이 없는 것들'이라고 한다. 구글의 정보검색 최고 임원이 한 말이다. 이 말을 좀 더 실감 있게 바꿔 말하면 매일 매일 '우리가 모르는 사실'이 20퍼센트씩 늘어난다는 것이다. 끔찍하지 않은가. 매일이 아니라 매 분기마다 당신의 사업이 20퍼센트씩 변화한다고 상상해보라. 어떤 기업가든 비명을 지를 것이다.

결국 우리가 미래를 예측하고 미리 사업 전략을 짠다는 것이 무의미한 일일지 모른다. 오늘날 경영학에서는 '문제는 전략이 아니라 철학'이라는 말이 그래서 나온다. '유연성'의 문제라는 것이다.

노키아는 항상 미래를 예견해 전략을 수립하고 완벽한 시스템을 이에 맞춰 미리 짜서 준비하는 기업으로 유명하다. 이를 통해 2000년대 중반에 휴대폰 업계 세계 최강자가 되었다. 그 후 노키아는 휴대폰 사업의 미래가 온라인 서비스에 있다고 보고 애플에 앞서 음악, 게임, 소셜네트워크 등 콘텐츠 기업들을 인수해 이들의 콘텐츠를 신형 휴대폰 플랫폼에 통합하는 전략을 세웠다. 이 통합 시스템을 통해 고부가가치를 노린 것이다.

그러나 문제는 아주 사소한, 엉뚱한 곳에서 발생했다. 애플의 아이폰이 히트하면서 '스마트폰=터치스크린'이라는 인식이 일반화되었다. 사실 노키아도 스마트폰 운영 체제를 계획하면서 터치스크린을 검토했다. 그러나 사용자 테스트 결과 터치스크린이 사용자에게 불편하다는 결론이 나와 키패드 방식을 택했다. 그렇다 하더라도 상식적으로 생각하면 재빨리 터치스크린용 운영 체제로 바꾸면 되는 것 아닌가.

그러나 노키아에게는 불가능했다. 모든 구성 요소를 유기적으로 연결한 시스템을 구축해둔 터라 키패드 방식 하나를 바꾸면 시스템을 전부 다 바꿔야 했기 때문이다. 결국 최고의 시스템을 지향했지만, 변화에 대응하는 유연성을 갖추지 못해 무너지고 말았다.

패션업계에 새로운 변화가 일어났다. 시즌에 앞서 트렌드를 예측해 상품을 준비하는 전통적인 기획 생산을 포기하고, 수시로 변하는 트렌드와 소비자의 다양한 기호에 발 빠르게 대응할 수 있는 반응 생산 방식이 떠올랐다. 그 선두에 스웨덴의 H&M이 있다.

H&M 본사는 스웨덴에 있지만, 전 세계 2200여 매장과 750여 생산 업체를 거느리고 있다. 그리고 이를 IT로 연결해 어느 매장에서 어느 제품이 얼마나 판매되고 있는지를 실시간으로 파악해 생산에 반영한다. 나아가 매장에서 들어오는 소비자 기호를 재빨리 포착해 300여 명의 디자이너들이 즉각 제품으로 반영해 매장에 내놓는다. 이를 통해 2~3주 내에 신

제품을 출시할 수 있게 되었으며, 매주 주력 제품을 교체한다
(H&M 사례는 이병주, 《족》에서 인용했다.)

전략에 따라 시스템을 짠 노키아의 몰락, 그리고 유연성
을 철학으로 시스템을 짠 H&M의 성공, 이것이 오늘날의 현
실이다.

돌다리를 두들겨보기엔 너무 늦다

∞ ∞ ∞ ∞ ∞

빨리 빨리!

한국인의 특성이다. 일본은 한국 기업가들, 특히 자신들의 자존심을 짓밟은 삼성과 비교하면서 일본의 패인을 '결단'으로 본다. 일본의 경영자는 '무모한 투자'를 두려워하지만, 한국의 경영자는 '선견지명'을 높이 평가한다는 이야기다. 이 차이가 시장의 변화와 맞물리면서 자신들이 밀렸다고 본다. 과거엔 한 번 패해도 다음 승부를 기약할 수 있었지만, 오늘날은 단판 승부다. 한 번 패배가 영원한 패자를 만들기 때문이다.

일본 경영자들이 '무모한 투자'를 저지르지 못하는 데는 집단사고 탓이 크다. 집단사고의 맹점을 보여주는 대표적인 사례. 1961년 미국 케네디 정부는 바로 턱 아래 들어선 쿠바 카스트로 정부가 눈엣가시다. 그래서 카스트로 정부를 초기에 전복하려는 계획을 세운다. 카스트로가 그랬듯이 미국은 망명한 쿠바인 3000명을 쿠바 영토 피그 만에 상륙시켜 현지 동조자들과 합류하여 수도 아바나로 진격하려고 했다. 그러나 피그 만에 발을 디딘 병력은 상륙하자마자 사살되거나 체포되었다. 상륙 지점과 합류 지점 사이의 광활한 늪지대를 고려하지 않았기 때문이다. 그렇게 많은 정보를 분석하고 회의를 했으면서 어떻게 그렇게 단순한 사실을 놓쳤을까? 바로 집단사고의 늪 때문이다.

집단 내에는 의견 일치를 이루어내려는 유무형의 압력이 작용하여 비합리적인 의사결정을 내릴 수 있는 요소를 안고 있다. 특히 의사결정 집단이 '우리 의식'이 강할수록 집단사고의 늪에 빠질 가능성이 높다. '우리 의식'이 강한 집단일수록 만장일치의 환상에 빠져 집단의 결정에 동조하지 않는 의견이나 태도를 배척하는 경향이 크기 때문이다. 기업에서도 예측이 어렵거나, 실패에 따르는 투자 손실이 큰 의사결정일수록 보수적 판단이 집단적 안정감에 유리하기 때문에 집단사고는 모험을 저지르지 않는 경향이 있다.

그러나 사실 '무모한 투자'와 '선견지명'은 종이 한 장 차이이다. 삼성의 이병철 선대 회장은 '선견지명'으로 반도체에 투자함으로써 오늘날 삼성전자의 초석을 만들었다지만, 사업 초기에 두 번의 실패 후에 "직관력(선견지명)을 중시하되 제2, 제3의 대비책을 강구하여 대세가 기울어 실패라는 판단이 서면 깨끗이 미련을 버리고 차선의 길을 택한다"라는 원칙을 세웠다고 한다. 반대로 이건희 회장의 삼성자동차 실패가 '무모한 투자'에서 비롯되었다는 비판도 있지만 사실은 10년에 걸쳐 자동차 산업에 대해 공부하고 전문가들을 직접 만나며 지식을 쌓은 후 결정을 내린 '신중한 투자'였다.

그렇게 볼 때 '무모한 투자'와 '선견지명'은 결과론적이라 할 수 있지만, 어쩌면 인식의 차이일 수도 있다. 우리는 '시작이 반'이라 한다. 반면 일본에서는 '100리 길도 99리를 가야 반'이라는 말이 통한다. 그러한 문화의 차이가 오늘날 다른 결과를 낳고 있는 것은 아닐까?

구글의 비밀, 무용지용

∞ ∞ ∞ ∞ ∞

몇 년 전 구글을 방문했다. 후배의 안내로 구글의 여러 제도와 시스템을 둘러볼 수 있었다. 그때 가장 매력적인 제도가 바로 구글의 20퍼센트 법칙이었다. 구글 직원들은 누구든 근무 시간의 20퍼센트를 본업과 관계없이 자신이 흥미로워하는 프로젝트에 쓸 수 있다. 쉽지 않은 제도다. 직원들에게 근무시간 20퍼센트를 떼준다(?)는 것은. 그러나 구글은 지메일, 구글 뉴스, 구글 파이낸스 등을 이 제도 덕분에 만들어냈다.

더욱 매력적인 사실은 그중 10퍼센트는 아예 기업의 비즈니스와 관계없는 모험적인 프로젝트를 하도록 되어 있다는 점이다. 그래서 나온 프로젝트 하나가 해저 내비게이션을 만드는 것이었다. 이 프로젝트를 처음 시작할 때는 그야말로 비즈니스로는 실현 불가능한, 말 그대로 취미 활동이었다. 그런데 놀랍게도 몇 년 지나지 않아 이 프로젝트가 비즈니스가 되었다. 아무도 예상하지 못했다. 당시 진행 중이던 더 기가 막힌 프로젝트도 소개받았다. 화성 내비게이션 프로젝트. 휴, 정말 우린 갈 길이 멀다.

《장자》에 나오는 '무용지용無用之用'이 생각난다.
《장자》에는 초나라 미치광이 접여가 공자를 풍자하며 부른 '봉혜가鳳兮歌'가 소개된다.

來世不可待 往世不可追也(내세불가대 왕세불가추야)

方今之時 僅免刑焉(방금지시 근면형언)

福經乎羽 莫之知載(복경호야 막지지재)

禍重乎地 莫之知避(화중호지 막지지피)

人皆知有用之用 而莫知無用之用(인개지유용지용 이막지무용지용)

미래는 기다려주지 않고, 지나간 과거는 돌이킬 수 없다네

(그때나 지금이나 똑같네)

지금은 근근이 형벌을 면하는 시절

(오늘날과 같은 초경쟁 시대에 실패를 피해 생존만 해도 다행이듯)

복은 새 깃털처럼 가벼워 붙잡지를 못하고

(기회는 언제 와서 언제 지나갔는지 몰라 놓치기 일쑤)

화는 땅처럼 무거운데 피할 줄 모르는구나

(위기는 도처에 깔려 피하기 어렵도다.)

그래서 미치광이 접여는 마지막에 비법을 내놓는다.

사람들이 유용의 용만 알지 무용의 용을 알지 못한다.

평소에 쓸모가 없어 보이는 것도 사실은 나름의 역할을 한다. 아니 쓸모가 없다고 생각되는 것이 사실은 매우 유용하다는 비법. 바로 무용의 용. 세상이 당장 돈 되는 일에만 매진할 때, 돈 될 것 같지 않은 일에 투자하면 어리석어 보일지 모르나 나중에 그 어리석은 투자가 큰돈이 되어 돌아올지 누가 알겠는가.

세상 사람들이 무슨 쓸데없는 짓을 하느냐고 비웃었던 바로 그 프로젝트가 얼마 지나지 않아 아무도 생각하지 못했던 고부가가치 비즈니스가 되는 시절에 더욱 되새겨봄직한 화두가 무용의 용이 아닐까?

8

무엇을
넘어서야
하는가

인생사에도 비즈니스에도

예기치 않은 쓰나미가 들이닥칠 때가 있다.

때로 쓰나미가 몰려오는 방향으로 맞받아쳐야 할 경우가 있다.

그래야 살아남을 수 있고,

더 큰 성장의 기회를 잡을 수 있을 때가 있다.

사면초가?
어디로든 갈 수 있다!

∞ ∞ ∞ ∞ ∞

미 해병대의 마스코트 견은? 제1차 세계대전 이래 불독이다. 그중에서 가장 널리 알려진 마스코트 이름은 1950년 말에 선발된 불독 '체스티'다. 체스티 13세까지 있다. 체스티라는 이름은 미 해병대의 전설, 체스터 풀러 장군의 이름에서 따왔다(장군의 사진을 보면 진짜 불독같이 생겼다.) 이 체스티 풀러는 아군이 적군에게 완전히 포위되었다는 보고를 받자, 저 유명한 말을 남긴다.

"우리는 완전히 포위되었다. We're surrounded.

덕분에 문제는 간단해졌다! That simplifies the problem!

이제 우리는 어느 방향으로도 공격할 수 있게 되었다! Now we can fire in any direction!"

어부의 지혜
"도망치지 마라, 넘어서라"

∞ ∞ ∞ ∞ ∞

일본 동북부 이와테 현에서 일어났던 쓰나미에서 살아남은 어부 이야기가 있다. 2011년 3월 대지진과 함께 밀려온 쓰나미로 당시 항구에 정박해 있던 어선 수백 척이 파괴되고 수많은 사람이 목숨을 잃었다. 그런데 놀랍게도 쓰나미가 몰려온 오후나토 시 앞바다에서 미역을 거두던 어부는 쓰나미를 이겨내고 살아남았다. 어떻게 된 것일까.

그는 잔잔하던 바다에서 심상치 않은 느낌을 받았다. 바다가 갑자기 출렁이더니 배 밑에서 떨리는 듯한 진동 소리가 나기 시작했다. 이상하다는 직감이 들어 내륙 쪽을 바라보니 해안가에 심어놓은 삼나무 꽃가루가 내륙 쪽으로 커다란 구름을 이루며 날리고 있었다. 그는 직감했다. '쓰나미다.' 그는 곧장 배를 몰았다. 그런데 항구 방향이 아니었다. 큰 바다 쪽이었다. 얼마 되지 않아 큰 해일이 몰아쳤다. 수면이 쑥 올라가면서 배도 하늘 높이 치솟았다가 내려왔다. 그것으로 끝났다. 그는 항구 쪽을 돌아보았다. 그를 지나간 엄청난 높이의 해일이 항구를 집어삼키고 있었다.

쓰나미가 온다는 걸 직감하고도 그는 항구 쪽으로 도망가지 않았다. 오히려 더 큰 바다로 배를 몰았다. 그것이 살아남을 수 있었던 비결이다. 태평양과 맞닿은 이와테 현은 오래전부터 쓰나미가 잦았던 지역이다. 오랜 피해 경험으로부터 쌓인 살아남는 방법이 지혜로 전해져왔다. 이 쓰나미에서 살아남은 사람들은 모두 이 지역 어부들이었다. 그리고 그들은 항구가 아니라 오히려 먼 바다로 배를 돌렸던 사람들이었다.

개인의 인생사에도 비즈니스에도 예기치 않은 쓰나미가 들이닥칠 때가 있다. 때로 쓰나미가 몰려오는 방향으로 맞받아쳐야 할 경우가 있다. 그래야 살아남을 수 있고, 더 큰 성장의 기회를 잡을 수 있을 때가 있다.

실리콘밸리를 망하게 하는 방법

∞ ∞ ∞ ∞ ∞

최근 페이스북에 오른 글이다(구글에 근무하는 박철호 씨가 올린 글을 본인 허락을 얻어 여기에 옮긴다.)

실리콘밸리를 망하게 하는 방법

실리콘밸리를 어떻게 하면 가장 쉽고 빨리 망하게 할 수 있을까?

이런 걸 왜 생각하느냐고?^^

이유는 끝에 나옴^^

어쨌든 가장 쉽고 확실한 방법은 미국 연방거래위원회(FTC, 한국의 공정거래위원회 같은 곳)에서 제대로 일을 하지 않는 것이다.

실리콘밸리에서는 참 이상한 일이 많이 벌어진다. 구글을 예로 보자.

첫째, 구글은 2006년 유튜브라는 직원 67명의 작은 회사를 무려 1조 6000억 원이라는 거금을 주고 인수를 한다. 더 이상한 것은 그 당시 구글에는 구글 비디오Google Video라는 유튜브에 대응하는 자체 서비스가 있었다는 점이다.

둘째, 구글은 2009년에 애드몹AdMob이라는 조그만 모바일 광고 회사를 무려 7500억 원이라는 금액으로 인수를 한다. 그 당시에도 애드몹 제품에 대응하는 구글 모바일 애드Google mobile ad라는 자체 제품이 있었다.

셋째, 구글은 블로거닷컴Blogger.com이라는 블로그 서비스를 제공하고 있는데, 이게 워드프레스Wordpress 블로그 회사에 밀려서 한참 뒤떨어지는 만년 2등을 기록하고 있다. 이게 왜 이상한 일이냐고??

구글의 검색 사이트(Google.com 또는 google.co.kr)에서 검색 결과를 보여줄 때, 워드프레스 블로그보다 블로거닷컴 블로그를 더 상위에 보여준다면 어떻게 될까?

워드프레스는 그 길로 망한다. 왜냐하면 많은 블로거들이 워드프레스를 버리고 블로거닷컴으로 갈아탈 테니까 말이다.

두 번째 경우를 보자. 애드몹에 광고를 하는 광고주들에게 자꾸 애드몹과 거래하면 별로 좋을 게 없다는 식의 얘기를 슬쩍 흘려보자(참고로 구글은 애드워즈AdWords, 더블클릭DoubleClick 등 인터넷 광고 시장을 지배하고 있다.) 많은 광고주들이 애드몹에 등을 돌릴 것이고, 구글은 애드몹을 헐값에 인수하거나 그냥 망하게 내버려둘 수도 있을 것이다.

그럼 구글은 이런 식의 편법으로 쉽게 경쟁 회사들을 약화시켜서 싸게 사거나 망하게 할 수 있는데, 그렇게 하지 않고 엄청난 금액(유튜브 경우 직원 한 명당 238억 원)을 지불하고 조그만 경쟁사들을 인수한 것일까?

그 비밀이 미국 연방거래위원회나 그와 비슷한 기관들에 있다. 이들 기관들은 위에서 예로 든 불공정 거래에 대해서 감시나 조사를 강도 높게 실시하고, 적발되었을 때 처벌의 수위도 상상을 초월한다. 심지어는 회사를 쪼개거나 문을 닫게 만들 수도 있다. 때문에 구글 같은 대기업에서 정말 무서워하는 기관들이다.

만약 미국 연방거래위원회가 제대로 일을 하지 않으면 어떻게 될지 상상해보자. 많은 전도유망한 스타트업들이 대기업의 불법, 편법으로 쉽게 망하게 되고, 그럼 지금과 같은 실리콘밸리는 없을 것이다.

그럼 한국의 경우는 어떨까?

일부 지배적인 포털의 경우, 자사의 블로그나 자사의 사이트들을 경쟁사 사이트에 비해 검색 결과의 상위에 배치함으로써, 시장에 뒤늦게 뛰어들어도 손쉽게 경쟁사들을 이기는 경우가 많이 있었다. 이런 불법, 편법에 의해 망한 전도유망한 스타트업들이 많이 있다.

만약 공정거래위원회 등에서 심판의 역할을 제대로 하고 불법, 편법에 대해 단호히 처리를 했다면 어떻게 됐을까? 앞서 언급한 스타트업들이 망하지 않고, 한국의 워드프레스, 한국의 유튜브, 한국의 애드몹 등이 되어 있을지 누가 알겠는가?

요즘 우리나라 정부에서 스타트업을 키우기 위해 많은 노력과 지원을 하고 있다. 자금 지원을 한다든지, 실리콘밸리로 연수를 보내준다든지 다방면의 노력을 아끼지 않고 있다.

물고기들이 잘 살기 위해서는 맑은 물이 가장 중요하다. 물이 맑으면 굳이 먹이를 주지 않아도 자연히 많은 물고기들이 생겨난다. 반면 물이 맑지 않으면 아무리 먹이를 많이 주고, 갖은 애를 써도 별 소용이 없다.

마찬가지로 작은 회사들도 얼마든지 실력으로 큰 회사들과 실력으로 경쟁할 수 있는 공정한 시장을 만드는 것이 가장 중요하다. 이게 안 되면 나머지는 별 소용이 없다.

아, 생태계란 어떻게 만들어지고, 정부가 생태계를 만들려면 어떻게 해야 하는지 알 수 있게 해준다.

상식의 한계 vs 상상력의 한계

∞ ∞ ∞ ∞ ∞

어느 작가의 말이 생각난다.

"가끔은 눈을 감아요. 그러면 새로운 세계가 열립니다."

그것은 상상의 세계다. 그러나 현실을 사는 우리는 너무 오래 눈 감는 것을 잊고 사는지 모른다. 언제나 '내가 아는' 가능의 세계에 갇혀 산다.

호박벌 이야기가 있다. 집게손가락 한 마디 정도 크기의 벌인데 한눈에 보기에도 퉁퉁하다. 그런데 몸집에 비해 날개가 작고 연약하다. 언뜻 보기에도 저 몸으로 과연 날아다닐 수 있을까 싶을 정도다. 호박벌을 모델로 모형 항공기를 만들어 실험을 해보니 역시 호박벌이 하늘을 나는 것은 불가능하다는 결과가 나왔다. 하지만 호박벌은 아무 문제없이 잘만 날아다닌다. 일주일에 1600킬로미터를 난다. 고작 2.5센티미터밖에 안 되는 체구에 비하면 엄청난 거리를 날아다니는 셈이다. 어떻게 가능할까.

세계적인 곤충학자, 공학자, 물리학자들까지 다 모여 연구하고 분석했다. 결론은 '모르겠다'였다. 그러면서 한마디 의견을 덧붙였다.

"호박벌이 그런 몸으로 그렇게 긴 거리를 날 수 있는 것은 호박벌은 '자기 같은 몸으로는 날 수 없다'는 사실을 모르기 때문이다."

'내가 아는' 가능의 세계에 갇혔다면 호박벌은 1600킬로미터는 고사하고 제자리 뛰기도 못한 채 살았을지 모른다. 그랬다면 꿀을 얻지 못해 멸종했을지도 모른다.

상식이나 합리성이라는 틀은 종종 우리를 과거로 한정시키곤 한다. 우리 뇌는 개인의 직간접적인 경험에서 유추된

결론으로 우리의 행동을 지배한다. 고통이나 위험이 따르는 행동을 억제한다. 당연히 도전이나 모험을 동반하는 상상력은 상식과 합리성의 이유로 스스로 금기시한다.

그러나 세상을 변화시킨 사람이나 조직은 공통적으로 도발적 상상력이 뛰어나다. 구글이나 애플, 닌텐도 같은 창조적 기업들이 상상력을 경영의 핵심 화두로 삼은 것도 '내가 아는' 가능의 세계를 넘어서는 도발의 힘을 간파했기 때문이다.

제주도의 두 배에 불과한 열사의 땅을 불과 10여 년 만에 꿈의 도시로 바꾸어놓은 두바이의 영도자 셰이크 모하메드도 한 인터뷰에서 "나의 한계는 곧 나의 상상력의 한계"라고 경계했다.

섞인 것은 새 것이다

∞ ∞ ∞ ∞ ∞

한 지역에 두 개 언어 집단이 공존할 때 원활한 의사소통을 위한 방안은 크게 세 가지로 나눌 수 있다.

첫째, 두 언어 중 하나로 강제 통일시키는 방법. 제일 간단하다. 둘째, 제3의 새로운 공용어를 채택하는 방법. 그리고 마지막으로 두 언어 중 한 언어를 중심어로 해서 다른 언어의 요소를 섞어 새 언어를 만드는 방법이 있다. 이때 마지막 방법으로 만들어진 언어를 피진pidgin어라고 한다.

그런데 세 번째 방법, 피진어를 선택한 지역에서 새로 태어난 아이들은 그들의 부모와 달리 피진어가 바로 모어가 된다. 이렇게 모어로 습득된 피진어를 크리올creole어라고 한다. 크리올어 중 가장 널리 알려진 것이 바로 프랑스어를 바탕으로 만들어져 미국 루이지애나와 아이티 등에서 아직도 쓰이는 크리올어다. 그리고 이 지역에 사는 프랑스계 백인과 흑인 사이의 혼혈인 또한 크리올이라고 한다.

크리올은 한때 백인과 거의 동등한 대우를 받아 유럽식 교육을 받고 유럽 음악도 가까이 접할 수 있었다. 그들이 흑인들에게 유럽 음악을 전수했다. 그리고 때마침 남북전쟁에서 패한 남부군 군악대들이 버린 악기를 싼값으로 손에 넣게 된 흑인들은 그 유럽 음악을 독자적인 리듬감으로 연주하게 된다. 이것이 바로 재즈의 한 모체가 된다.

그러니까 재즈에는 아주 복잡한 배경이 깔린 셈이다. 프랑스인과 흑인, 크리올, 다시 흑인이 만났고 유럽 음악, 아프리카 음악, 그리고 남부군 군악대가 만나 이 요소들이 융합된 것이다. 전혀 예상하지 못한 요소들이 우연의 역사 속에서 인연이 되어 새로운 음악 장르로 탄생한 셈이다.

오늘날 재즈가 다시 주목받는 이유는 어느 정도 시대와의

동질감 때문일 것이다. 재즈의 탄생 스토리와 연주 방식이
바로 이 시대가 요구하는 융합, 변주 그리고 창조이기 때문
이다.

잘 따라 하는 것도 능력이다

∞ ∞ ∞ ∞ ∞

연말이면 한 해 실적에 따라 우수 조직장 포상을 하고 그중 최우수 조직장의 사례 발표를 듣는다. 그해 최우수 조직장은 전년도에 이어 두 번째 상을 받았다. 그러니 그의 사례 발표에는 여느 때보다 많은 사람들이 모였다.

"제가 최우수 조직장이 되나니, 저도 놀랐습니다. 전 그냥 저희 본부장님을 따라했을 뿐입니다"

사실 그녀의 별명이 '따라잡이'다. 그녀는 의외로 말투가 어눌하고, 매사에 적극적이나 어딘지 행동이 어색하고 서툴

다. 썩 스마트하지 않다는 것만은 분명하다. 줏대가 없다고
할까? 모든 말을 항상 "저희 본부장님은······" 으로 시작한
다. 어쨌건 실적은 항상 상위권이었다.

그녀의 조직에 가면 깜짝 놀란다. 왜?

조직원 모두가 헤어스타일이 똑같다.

(우리나라 40, 50대 여성들의 헤어스타일이 다 그렇긴 하지.)

패션도 똑같다.

(그 연령대 직장 여성들의 패션이 크게 다를 수 있겠나.)

말투가 똑같다.

(오래도록 같이 일을 하면 말투는 닮아가는 법.)

그래도 고향이 다 다른데 모두 전라도 사투리를 쓴다.

(헉.)

그래서 가만히 둘러보면, 원조가 본부장이다. 본부장의
헤어스타일, 패션, 말투, 심지어 전라도 사투리를 모든 조직
원이 따라 한다. 그녀가 본부장의 '따라잡이'로 승승장구를
하고, 또 자신이 '따라잡이'라고 자처하니 그 지역장 아래

의 조직원들도 모두 본부장의 '따라잡이'가 된 것이다. 문제는 그 '따라잡이'가 외모나 말투만이 아니라 모든 말과 행동, 생각까지 '따라잡이'를 하더라는 것이다. 실제로 그 조직은 위아래가 똑같은 목소리를 낸다.

"제가 아직은 주먹을 쥘 때가 아니에요. 제가 가진 게 얼마나 된다고. 저희 본부장님 따라가려면 아직 한참 멀었죠. 제가 본부장님만큼 될 때까지는 묻지도 따지지도 않고 무조건 본부장님을 따라 할 거예요."

주변에 가진 것 없이 주먹부터 먼저 쥐려는 사람이 있다. '지금은 성을 쌓을 때가 아니라 성을 허물어 더 넓은 세상을 품을 때'라는 말이 있듯이, 때로는 주먹을 펴고 더 많은 사람들의 손을 잡아야 한다. 자신의 목소리를 내기보다 다른 사람의 말에 귀 기울여야 할 때가 있다. 컵에 물이 넘칠 때까지.

물론 언젠가 그녀도 제 발로 서야 할 때가 올 것이다.

그리고 그녀는 거기까지는 누구보다 빨리 갈 것이다.

9

나는
지금
어디에
있는가

당신은 지금 무슨 일을 하고 있는가?

아무 생각 없이 아무 의미도 없는 일을 습관적으로 반복하고 있지 않은가?

정녕 그렇지 않다면 지금 당신이 하고 있는 일의 의미는 무엇인가?

왜 그 일을 하고 있는지 정의할 수 있는가?

방황은 어쩌면, 숙명이다

∞ ∞ ∞ ∞ ∞

성서 이야기.

최초의 인류인 아담과 하와가 하나님 말씀을 어겨 에덴동산에서 쫓겨난 후 낳은 가인과 아벨의 이야기다.

가인은 농사짓는 자이고, 아벨은 양치는 자다. 가인은 땅의 소산을, 아벨은 양의 첫 새끼와 그 기름을 하나님께 제물로 바친다. 그런데 하나님이 아벨의 제물은 받았으나, 가인의 제물은 받지 않는다. 이것이 원인이 되어 가인은 아우 아벨을 죽인다.

왜 하나님은 가인의 제물을 거부했을까? 가인의 제물 역시 후일 모세 율법에 따르더라도 합법적 제물이다. 《성경》에서는 "믿음으로 아벨은 가인보다 더 나은 제사를 하나님께 드림으로 의로운 자라 하시는 증거"를 얻었다고 〈히브리서〉 11장 4절에서 이유를 밝혔다. 믿음의 문제라는 것이다.

그런데 가인은 농경민족의 상징이고, 아벨은 유목민족의 상징이라고 상상해보면?
가인이 아벨을 죽인 것은 역사 발전의 수순에 따라 농경민족이 유목민족을 대체하는 것이 된다.

성경에서 하나님은 아우 아벨을 죽인 가인에게 벌을 내린다.

"네가 땅을 갈아 농사를 지어도 더 이상 수확물을 얻지 못하게 될 것이다. 그리고 너는 이 땅에서 쉼 없는 방랑자가 될 것이다."

하나님이 가인에게 내린 형벌은 결국 '쉼 없는 방랑자'
의 삶이었다.

가인은 하나님 앞을 떠나 에덴 동쪽 놋Nod 땅에 가 살게
된다.

가인이 살게 된 에덴의 동쪽 놋은 히브리어로 '방랑',
'방황'이라는 뜻이다.

그래서 제임스 딘의 〈에덴의 동쪽〉은 방황이었다.

오늘날 인간의 '영혼의 방황'은 하나님이 가인을 통해 우
리 농경민족에게 내린 원죄가 아닐까?

마라토너 아베베의 양궁 금메달

∞ ∞ ∞ ∞ ∞

후배가 회사에서 잘렸다.

자신과 회사를 구분 못할 만큼 회사에 충성도가 대단한 친구였는데…… 대놓고 말하지는 않았지만 그는 대표이사를 꿈꿨고 우리 모두 당연히 그럴 날이 오리라 믿어 의심치 않았는데…… 사실 그가 아웃될 만한 이유가 없었는데……. 그러니 후배의 충격은 이만저만이 아닐 것이다. 적어도 한동안은 '멘붕'일 것이다. 우리도 당분간은 연락하지 못할 것이다.

마라토너 하면 떠오르는 인물이 누구인가? 이봉주? 황영

조? 좀 더 나이 먹은 사람들은 그들보다 에티오피아의 아베베를 먼저 떠올릴 것이다. 비킬라 아베베는 1960년 로마올림픽에서 세계 신기록을 세우며 아프리카 흑인 최초로 월계관을 썼다. 그가 바로 '맨발의 아베베'다. 그러나 우리가 모르는 사실이 하나 더 있다. 4년 뒤인 1964년 도쿄올림픽에서 경기 40일 전 맹장 수술을 받은 몸으로 또다시 세계 신기록을 세우며 올림픽 2연패를 했다는 사실이다.

그러나 정작 아베베를 영웅으로 만든 것은 올림픽 2연패가 아니다. 아베베는 올림픽 2연패를 하고서 승승장구하던 어느 날 교통사고로 하반신이 마비가 되고 만다. 마라톤밖에 몰랐고, 마라톤이 인생의 전부이자 영예였던 그에게 두 다리를 쓰지 못한다는 것은 죽음과 같았다. 세계 모든 이들은 그 소식을 접하고 애통해했다.

모든 것을 잃었다고 생각했을 때 아베베는 새로운 도전에 나섰다. 두 다리를 잃었지만 아직 건장한 두 팔이 있음을 깨달았다. 아베베는 장애인올림픽에 출전해 두 다리를 못 써도 두 팔로 할 수 있는 양궁으로 또 다른 금메달을 거머쥔다. 세계가 그에게 진정한 영웅의 칭호를 부여한 것은 바로 그때였다.

세상은 최고에게 환호를 보낸다. 그러나 불가능에 도전하는 사람에게는 감동한다.

첫 날갯짓을 배우려는 어린 독수리가 겁에 질려 어미 독수리에게 묻는다.

"엄마, 난 얼마나 멀리 날 수 있을까?"

어미 독수리가 답한다.

"네가 얼마나 멀리 볼 수 있지?"

"엄마, 무슨 말이야?"

어미 독수리는 웃으며 답한다.

"네가 볼 수 있는 만큼 날 수 있다는 말이야."

위기가 위기인 것은 여기가 끝이라고 생각하기 때문이다.

그러나 그 너머 세상을 볼 수 있다면 위기는 새로운 기회다.

회사를 그만둔 친구에게 문자를 보냈다.

"두 번 다시 뒤돌아보지 마. 지질해져."

일이 어그러지는 이유

∞ ∞ ∞ ∞ ∞

연암 박지원은 만년에 병환에 들어서도 붓을 들어 큰 글씨로 병풍을 지어 곁에 두었다. '인순고식 구차미봉因循姑息. 苟且彌縫.'이 여덟 자는 둘째아들 박종채가 연암을 기억하며 정리한 《과정록》에서 '천하만사 종차휴괴天下萬事 從此隳壞'로 이어진다.

하나하나 국어사전으로 뜻풀이를 해보자. '인순', 낡은 인습을 버리지 아니하고 지킨다는 말로 내키지 아니하여 머뭇거리는 태도를 일컫는다. '고식', 부녀자와 어린아이를 아울러 이르는 말, 혹은 잠시 쉰다는 뜻으로 당장에는 탈이 없고 편안하게 지냄을 비유적으로 이르는 말이라고 한다. 그래서 '인순고식'은 비록 내키지는 않으나 예전부터 해오던 대로 미적대며 그대로 하거나, 등 따습고 배부르면 그만이지 당장에 뭔 큰 일이 있겠느냐며 그 어떤 변화 욕구도 없이 지내는 태도를 말한다.

'구차', 살림이 몹시 가난하다는 뜻으로 말이나 행동이 떳떳하거나 버젓하지 못한 태도다. '미봉', 일의 빈 구석이나 잘못된 것을 임시변통으로 이리저리 주선하여 꾸며댄다는 말이다. 합쳐서 '구차미봉'은 '인순고식'하다가 막상 문제가 닥치면 앞장서 해결하려 하지 않고, 그 사태를 비켜갈 수 있는 궁리만 뒤에서 엿보거나 슬그머니 없던 일로 얼버무리는 태도다.

더 이상 한심할 수 없다. 그런 여덟 자를 연암은 왜 병풍을 지어 옆에 두었을까? 그 해답은 《과정록》에서 이어지는 여덟 자에 있다. '천하만사 종차휴괴', 세상의 모든 일이 이러한 태도에서 비롯되어 어그러진다.

자식들에게 가르침을 주기 위해서라고 기록은 전하지만, 이 여덟 자를 볼 때마다 만년에 병들어서도 적어도 생각만은 긴장의 끈을 놓지 않으려는 연암의 모습이 먼저 떠오른다.

변해야 하는 세상에
변하지 않는 상황에
변하려는 몸부림이 어느 시대든 있다.
그 모두가 연암과 맞닿아 있다.

지독함, 나를 속이지 않는 것

∞ ∞ ∞ ∞ ∞

지독하다: 마음이 매우 앙칼지고 모질다. 유의어로 극성스럽다, 끔찍하다, 심하다.

소설가 김훈은 아직도 원고지에 연필로 글을 쓴다. 워낙 꾹꾹 눌러써서 원고지 500매만 써도 1000매처럼 두께가 부풀어 오르는 걸로 유명하다. 그가 《칼의 노래》를 연필 잡은 지 두 달 만에 탈고했다. 그 사이 이가 여덟 개나 빠져나갔다. "입 안에 오물거리면 툭 뱉어버리고 글을 썼어요." 얼마나 어금니를 꽉 깨물고 집필했으면. 지독하다!

《칼의 노래》가 드라마가 되었을 때 '불멸의 이순신' 역을 맡은 배우가 김명민이다. 그가 영화 〈내 사랑 내 곁에〉에 캐스팅되었을 때다. 그는 루게릭병 환자 역을 맡았다. 루게릭병 환자는 병세가 악화됨에 따라 살이 빠진다. 배우가 한 번에 살을 빼기도 어렵지만 촬영을 하면서 스토리를 따라가며 점차 살을 빼기란 정말 쉽지 않다. 그러나 김명민은 촬영장에 나타날 때마다 살을 빼서 나타났다. 스태프들에게서 '연기가 뭐라고, 이러다 사람 잡겠다'라는 말까지 나왔다. 대본에 환자가 체중계에 올랐을 때 51.6킬로그램이라는 숫자가 뜨는 장면이 있다. 제작진은 미리 컴퓨터그래픽으로 숫자를 맞춘 장면을 준비했다. 그런데 김명민이 실제로 체중계에 올랐을 때 창에 51.6이라는 숫자가 떴다. 그는 작가가 참고한 루게릭병 환자의 건강구분표대로 자신의 몸무게를 실제로 줄여나간 것이다. 지독하다!

영화 이야기 하나 더. 〈너는 내 운명〉 시사회가 끝나고 뒤풀이 자리에서 주연을 맡았던 전도연이 마지막 면회 장면에 대한 아쉬움을 말했다. 사실 그 장면은 영화의 하이라이트다. 그리고 시사회에서 많은 관객들이 눈물을 쏟게 한 장면이다. 감독과 제작진들은 하나같이 '최고의 연기였다'라고 말했다. 그러자 전도연이 말했다.

"사람들이 좋아해요? 그럼 다 되는 건가요? 내가 좋지 않은데, 내가 최선을 다하지 못했는데? 그거 알아요? 내 왼손이 연기를 안 하고 놀고 있었단 말이에요!"

그 장면은 영화를 본 사람이라면 누구든 기억할 만큼 명장면 중 하나다. 전도연과 황정민이 환풍기 구멍으로 손을 맞잡고 울부짖는 장면이다. 그때 전도연의 오른손은 황정민의 손을 잡고 있지만 왼손은 허공에 떠 있다. 그 장면을 본 관객 중 과연 몇 명이나 전도연의 '연기 안 한' 왼손을 주목했을까? 그러나 전도연 자신은 안다. 왼손이 그 순간 연기를 하지 않은 것을. 그것이 아쉬웠고, 불만스러웠던 것이다.

스티브 잡스가 매킨토시 초기 모델을 개발하던 때다. 컴퓨터 본체의 회로기판에 수많은 배선이 얽혀 있었다. 잡스가 배선이 보기 흉하다고 지적하자 엔지니어는 본체 안에 있는 회로기판을 누가 들여다보겠느냐고 투덜댔다. 잡스가 호통을 쳤다. "훌륭한 목수는 아무도 보지 않는다고 장롱 뒤에 질 나쁜 목재를 쓰지 않는다."

지독하다는 것은 남이 아닌 자신을 속이지 않으려는 자신과의 싸움이다. 그래서 감동을 준다. 당신은 어떤 일에 지독했던 적이 있는가?

나를 가두는 건 나

∞ ∞ ∞ ∞ ∞

잘 아는 이야기부터. 벼룩은 자기 몸 길이보다 수백 배 높이 뛸 수 있다. 참고로 인간은 높이뛰기 세계신기록이 2.45미터니까 키에 비해 두 배도 안 된다. 장대를 지렛대 삼아 뛰어도 세계신기록이 6.14미터니까 네 배가 못 된다.

그런데 이 높이뛰기 고수인 벼룩을 병 속에 가두고 뚜껑을 덮어두면? 며칠 동안은 뚜껑을 두들기며 점프를 하겠지만, 그 후엔 뚜껑을 열어두어도 병 높이 이상을 뛰지 못한다. 말하자면 그 며칠 사이에 벼룩은 자신이 자기 몸의 수백 배 높이를 뛸 수 있다는 사실을 잊어버린다는 것이다. 스스로 한계를 그어버린 셈이다.

똑같이 민물에서 태어난 치어가 그대로 민물에 머물러 살면 30센티미터 정도의 민물고기 산천어가 되고, 거친 바다로 나가 살면 두 배나 큰 숭어가 된다.

더 심한 물고기도 있다. 일본인들이 좋아하는 관상어 코이다. 작은 어항에 넣어두면 5~8센티미터 정도밖에 못 자라지만, 큰 수족관으로 옮기면 15~20센티미터까지 자란다. 이 코이를 강물에 방류하면 무려 90~120센티미터까지 성장한다.

좀 지난 드라마 〈선덕여왕〉에서 공주 덕만(훗날 선덕여왕)과 권력 투쟁에서 밀린 미실의 독백이다.

"덕만이 부럽습니다. 왜 저는 성골로 태어나지 못했을까요? 제가 성골로 태어나 황후의 꿈을 쉽게 이루었다면, 그 다음의 꿈을 꿀 수 있었을 텐데. 미실은 다음 꿈을 꿀 기회가 없었습니다."

물론 환경 탓이 크다. 그러나 더 무서운 것은 자기검열이다.

카지노에 없는 세 가지

∞ ∞ ∞ ∞ ∞

카지노에는 세 가지가 없다.

거울, 시계, 창문.

거울이 없는 이유는 도박에 중독된 사람이 거울에 비친 자기 모습을 보지 못하게 하기 위해서다. 초췌하고 찌든 얼굴을 보는 순간 자신의 망가진 처지를 뒤늦게 깨닫게 되어 카지노를 떠날 수 있기 때문이다.

시계가 없는 이유는 몇 시간이고 주구장창 도박에만 빠졌다가 시계를 보는 순간 '어, 이렇게 오랫동안 도박했나?' 도박한 시간을 알고는 '이제 그만해야지' 하면서 카지노를 떠날 수 있기 때문이다.

마지막으로 창문이 없는 이유는 지금이 낮인지 밤인지도 모르고 도박에 빠지도록 하기 위해서다. 밤새도록 도박을 하다가 창문 사이로 환하게 햇빛이 들면 '그래, 아침이구나. 이제 그만할까?' 하고 카지노를 빠져나가려는 사람들도 붙잡아두어야 하기 때문이다. 참고로 고객을 오래 붙들어두고 싶은 백화점에도 창문이 없다.

거울, 시계, 그리고 창문.

거울은 나 자신을 되돌아보게 하는 도구다. 우리는 항상 자신의 좌표를 확인할 필요가 있다. 모든 변화는 자신을 정확하게 아는 데서 출발할 수밖에 없지 않은가.

시계, 시간은 경쟁을 상징한다. 경쟁은 자신과 상대방의 차이를 확인하는 데서 시작된다. 그 차이는 시간의 개념으로 표현된다.

창문은 새로운 세상으로 연결되는 통로다. 현재와 다른 새로운 세상이 있다는 희망의 증표다.

변화를 꿈꾸는 자라면 거울, 시계, 창문이 없는 '카지노' 에 갇혀 있지 않은가 되돌아볼 일이다.

지금 그 일,
왜 하는지는 알고 하는가

∞ ∞ ∞ ∞ ∞

갓 시집 온 며느리가 조기를 굽는데 대가리와 꼬리를 싹 둑 잘라 프라이팬에 올린다. 이를 본 시어머니가 왜 그러느냐고 묻자 며느리는 어물쩍 답한다. "글쎄요, 친정어머니가 조기를 그렇게 구워서……." 원래 어두육미라고 생선은 대가리가 맛있는데 왜 굳이 잘라낼까 궁금해진 시어머니는 얼른 친정어머니께 여쭤보라고 한다. 그런데 친정어머니도 어머니한테 배워서 이유를 모르겠단다. 결국 며느리의 늙은 할머니에게 물어보니 돌아온 대답이 이렇다. "응, 그건 우리 땐 프라이팬이 작아서 조기 대가리를 잘라 두 번 나눠서 구웠어."

　왕이 정원을 산책한다. 그런데 정원 한가운데 보초병이 서 있다.

　"자네 여기서 뭘 하나?"

　"네, 보초를 서고 있습니다."

　"여기서 뭘 지키고 있는 건가?"

　"모르겠습니다. 그냥 서라고 해서……."

　이상하게 여긴 왕은 근위대장을 부른다.

　"정원 한가운데 왜 보초병을 세우나?"

　"네, 거긴 보초 지역입니다."

　"왜?"

　"네? 원래부터 보초 구역입니다."

　"왜 거기가 보초 구역이 되었지?"

　"모르겠습니다. 제가 오기 전부터 보초 구역으로 지정되어 있었습니다."

　왕은 이를 궁금하게 여겨 신하들에게 왜 그곳이 보초 구역이 되었는지를 알아보게 했다.

　며칠 후 이유가 밝혀졌다. 100여 년 전에 영국에서 시집

온 왕비가 고향을 그리워해 왕이 영국에서 공수해온 장미를 정원 한가운데 심었고, 왕비는 장미꽃을 보며 향수를 달랬다. 왕은 보초를 세워 장미를 지켰다. 그러다가 왕비가 죽은 후 아무도 장미를 돌보지 않아 장미는 죽어 없어졌다. 그러나 그 후에도 아무도 이유를 모른 채 100년 동안 정원 한가운데 보초를 세워둔 것이다.

당신은 지금 무슨 일을 하고 있는가? 혹 아무 생각 없이 아무 의미도 없는 일을 습관적으로 반복하고 있지 않은가? 정녕 그렇지 않다면 지금 당신이 하고 있는 일의 의미는 무엇인가? 왜 그 일을 하고 있는지 정의할 수 있는가?

어느 시골 마을로 들어서는 나그네 눈에 언덕에서 벽돌을 쌓고 있는 사람이 눈에 띈다.

"지금 무엇을 하고 있습니까?" 인부는 나그네를 이상한 사람 쳐다보듯 힐끗 보고서는 "보면 모르오. 벽돌을 쌓고 있잖수"라고 답한다.

"왜 벽돌을 쌓고 있습니까?"

이제는 나그네를 아래위로 훑어보며 "허, 참. 이거라도 해야 처자식을 먹여살리지"라고 답하며 귀찮은 듯 고개를 획 돌린다. 나그네는 몇 걸음 더 옮겨 언덕에 올라서니 거기서도 한 사람이 벽돌을 쌓고 있다. 똑같은 질문을 던진다. 그러나 그 사람에게서는 전혀 다른 대답이 나온다.

"네, 저는 우리 마을에 세상에서 가장 아름다운 성당을 짓고 있습니다."

《에너지 버스》라는 책에 실린 일화다. 미국 존슨 대통령이 미국항공우주국을 방문했다가 너무나 즐겁게 일하는 청소부에게 칭찬을 건넸더니 청소부가 답했다고 한다. "저는 일개 청소부가 아닙니다. 저는 인간을 달로 보내는 일을 돕고 있습니다."

똑같은 일을 하더라도 자신이 하는 일을 스스로 어떻게 정의하느냐에 따라 자신의 가치가 달라진다.

식당에 가면 종종 경험한다. "아주머니, 여기 김치 좀 더 주세요" 하면 요즘은 대꾸도 안 하다가 한참 뒤에야 아무 말 없이 김치를 툭 놓고 가는 종업원을 많이 본다.

그래서 "네, 김치요"라고 바로 대답하고, 갖다 주면서 "맛있게 드세요" 하는 종업원에게는 "고맙습니다"라는 인사라도 건네게 된다. 그런데 식사를 하고 있는데 먼저 와서 "김치 좀 더 드릴까요?" 혹은 "밥이 부족하지 않으세요? 한 그릇 더 드릴까요?"라고 묻는 종업원을 만나는 경우가 있다. 아주 간혹. 이때 당신은 그 종업원에게 뭐라 할까?

"아주 아주 감사합니다"?

아니 그때 우리는 저절로 '주인이시군요' 하고 생각한다. 자신이 어떻게 하느냐에 따라 종업원은 주인이 될 수 있다.

인사이트

ⓒ 최봉수, 2013

초판 1쇄 인쇄일 2013년 10월 31일
초판 1쇄 발행일 2013년 11월 5일

지은이   최봉수
펴낸이   배문성
편집   홍영사

펴낸곳   나무+나무
출판등록   제2012-000158호
주소   경기도 고양시 일산서구 가좌동 19-5
전화   031-922-5049
팩스   031-922-5047
전자우편   likeastone@daum.net

ISBN 978-89-98529-03-1 13190